4 saisons au Balcon

Annette Schreiner

4 saisons au Balcon

Éditions RUSTICA

ISBN : 2-84038-328-4
N° d'éditeur : 48262
Dépôt légal : avril 2000
Première édition : avril 2000

Maquette : Pat Garet Associées
Maquette de couverture : Sébastian Mendoza

Imprimé en Union européenne
par G. Canale & C. S.p.A. - Turin (Italie)

SOMMAIRE

AVANT-PROPOS

Pour un grand nombre de citadins, jardiner sur un balcon ou un simple rebord de fenêtre est devenu une véritable passion. Une passion et un besoin presque vital, comme une bouffée d'oxygène. Histoire de reprendre son souffle et de se détendre quelques instants dans un petit coin de campagne secret, niché au cœur de la ville. Un nouvel esprit « art de vivre » s'évade des décors conçus pour enjoliver les façades.

Le rythme des saisons

Dans un univers de béton, les potées et les jardinières restent parfois le seul lien proche et sensible avec les saisons. Impatient, on surveille l'ouverture des bourgeons printaniers, en été on s'enivre de floraisons parfumées, avant de s'émerveiller devant les couleurs flamboyantes de l'automne. Et en hiver tout est gris bien sûr. Faux ! Cet ouvrage tient à vous faire découvrir toutes les facettes et les surprises de chacune des quatre saisons. Sans exception !

Des idées à glaner

Scènes de balcon, fenêtres fleuries, potées ou jardinières sont présentées et expliquées à la manière de recettes de cuisine : une grande photo pour vous mettre en appétit, la liste des achats à faire, le choix des pots, le plan et les conseils de plantation. Une idée vous a séduit : vous savez tout pour la réussir. Les thèmes privilégiés sont les couleurs, les senteurs, les saveurs, les plaisirs propres aux saisons. Petit « plus » très terre à terre : l'évolution du décor. Que devient le balcon lorsque les plantes sont fanées ? Quelles plantes peut-on conserver d'une année sur l'autre ? Quelles variétés durent le plus longtemps...

Les plantes qui vous feront craquer

Pour chaque saison, nous vous proposons un marché de plantes. Vous y reconnaîtrez les floraisons familières et incontournables et découvrirez les nouveautés remarquables, de futures têtes d'affiche des balcons dans les années à venir. Pour chacune, vous trouverez les compagnes idéales pour réaliser de belles associations. Pour plus de facilité, nous avons préféré nommer les plantes par leur nom usuel, en ne précisant les noms latins qu'en cas de confusion possible.

Des conseils pratiques

La réussite d'un beau décor demande beaucoup de préparatifs tels le choix des pots, les mélanges de terre, l'entretien des plantes, l'arrosage, le problème des vacances et de l'hivernage... L'objectif de cet ouvrage est de vous donner envie de réaliser vos rêves de jardin secret sur l'espace réduit d'un balcon, voire d'une fenêtre. Il s'agit parfois d'un véritable défi. Mais c'est un jeu passionnant.

le printemps
au balcon

La candeur du rose

En parfaite harmonie avec les verts tendres printaniers, les fleurs de couleur rose créent une atmosphère à la fois douce et fraîche comme un sorbet framboise. Il existe toute une palette de variétés pleine de nuances.

FLORAISON : AVRIL

ZOOM

Pour un effet immédiat, les fleurs printanières – pâquerettes, primevères et saxifrages – sont plantées très serrées de manière à cacher complètement la terre. L'automne prochain, il ne faudra pas oublier de les diviser, faute de quoi elles risquent de se gêner mutuellement. Vous pourrez les replanter aussitôt et garnir d'autres jardinières, en leur associant des bulbes à fleurs ou des petits arbustes.

Vos achats

1 Groseillier à fleurs *3 plants en conteneur*
'King Edward VII' *(Ribes sanguineum)*
2 Pâquerette pomponnette *8 plants*
3 Primevère *1 plant*
(*Primula denticulata*)
4 Saxifrage *8 plants*
(*Saxifraga arendsii* 'Ware's Crimson')
Terreau

Quel pot choisir

La terre cuite s'harmonise bien avec les fleurs roses. Pour les groseilliers à fleurs, prévoyez une bonne profondeur. Pots ronds : D : 32 cm, P : 35 cm. Pot carré : 40 cm de côté, P : 37 cm.

La plantation

Mars ou avril. Soleil ou mi-ombre. Installez en premier les groseilliers à fleurs à l'arrière-plan de chaque pot. Disposez les petites fleurs en tapis pour habiller complètement la terre.

L'entretien

Taillez les groseilliers après la floraison en diminuant d'environ 20 cm les rameaux. Coupez les fleurs fanées des plantes tapissantes installées à leur pied.

L'évolution du décor

À condition de maintenir la fraîcheur de la terre durant les périodes de sécheresse, ce décor printanier s'épanouira de nouveau chaque année. Pour égayer le feuillage des groseilliers durant les autres saisons, vous pouvez remplacer les pâquerettes dès qu'elles seront fanées par des fleurs tapissantes de longue durée : verveine, bidens, gazania...

Un camaïeu bucolique

Pour obtenir cet effet champêtre et ces subtils dégradés de rose, trois variétés de fleurs printanières ont été associées dans la même jardinière. Comme dans les jardins anglais, on a pris soin d'opposer les fleurs légères et celles bien structurées.

FLORAISON : D'AVRIL À SEPTEMBRE

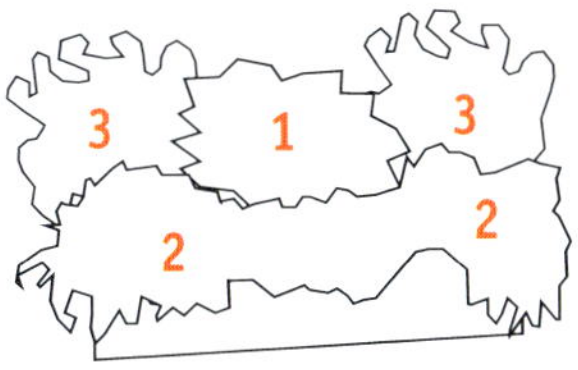

Vos achats

1 Primevère *(Primula denticulata)*	*5 plants*
2 *Nemesia strumosa*	*4 plants*
3 Dimorphothéca *(Osteospermum)*	*2 plants*
Terreau	

Achetez les plants en fleurs pour pouvoir harmoniser les différentes nuances de rose.

Quel pot choisir

Une jardinière en terre cuite, en plastique ou en bois. L : 60 cm, l : 20 à 25 cm, P : 25 à 30 cm.

La plantation

Avril-mai. Soleil ou mi-ombre. Plantez en premier les fleurs à port érigé, à l'arrière-plan de la jardinière : dimorphothécas et primevères. Placez les némésias en bordure pour qu'ils retombent en cascade.

L'entretien

Coupez les fleurs fanées des primevères. Taillez les tiges des némésias après la première vague de floraison pour étoffer les plantes. De mai à juillet, faites des apports d'engrais pour plantes fleuries ou géraniums.

L'évolution du décor

Les primevères sont des plantes vivaces à floraison printanière. Annuels, les némésias et les dimorphothécas commencent à s'épanouir dès le mois d'avril, sans interruption durant les mois d'été. En se développant, ils combleront l'espace libéré par les primevères.

Paradis blanc

FLORAISON : AVRIL

Si pour vous, le balcon est un refuge contre le stress de la vie urbaine, alors n'hésitez pas : habillez vos jardinières de fleurs blanches uniquement. Vous constaterez *illico* les bienfaits relaxants de vos plantations sur votre mental.

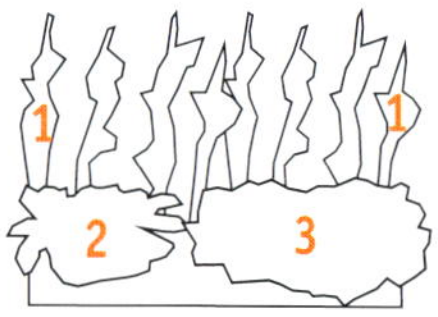

Vos achats

1 Amandier d'ornement *3 touffes*
(*Prunus glandulosa* 'Alba Plena')
2 *Iberis sempervirens* *6 plants*
3 Narcisses blancs *3 pots fleuris ou bulbes*
Terre végétale et terreau

Achetez de préférence les prunus en boutons. Manipulez-les avec beaucoup de douceur.

Quel pot choisir

Bac carré en pin traité de 60 cm de côté, P : 35 cm.

IDÉE CONSEIL
Autre choix de fleurs blanches pour une jardinière printanière : corbeille d'argent (*Cerastium tomentosum*), cœur-de-Marie (*Dicentra spectabilis* 'Alba'), myosotis 'Victoria Blanc', narcisse 'Polar Ice', pâquerette pomponnette 'Blanc', pensée 'F1 Turbo Blanc', primevère (*Primula denticulata* 'Alba'), tulipe 'Purissima'.

La plantation

Automne ou début du printemps. Mi-ombre. Les bulbes de narcisses sont mis en place en octobre ou à défaut achetés en potées fleuries en février-mars. Plantez en premier les prunus, puis comblez les espaces libres avec les ibéris et les narcisses.

L'entretien

Taillez les prunus aussitôt après la floraison en réduisant d'environ 1/4 la longueur des tiges. Coupez les fleurs des narcisses dès qu'elles se fanent.

L'évolution du décor

Toutes ces plantes peuvent égayer vos printemps durant plusieurs années. Les prunus – feuillage caduc – ne dépasseront pas 1 m de hauteur. Les ibéris sont vivaces et gardent leur feuillage en hiver. Les narcisses formeront des touffes de plus en plus étoffées.

Réveil tonique

FLORAISON : DE FIN MARS À DÉBUT MAI

Rien de tel pour démarrer sa journée de bonne humeur que d'ouvrir sa fenêtre sur une brassée de fleurs jaune d'or. Cette association lumineuse accroche les moindres rayons de soleil.

Vos achats

1 Corbeille d'or *(Alyssum saxatile)*	*2 plants*
2 Pensée à grandes fleurs jaunes	*4 plants*
3 Giroflée ravenelle orange et jaune	*3 plants*
4 Tulipe simple hâtive 'Yokohama'	*6 bulbes*
Terreau allégé avec des petites billes d'argile	

Quel pot choisir

Un contenant de couleur blanche s'harmonise parfaitement aux teintes jaune d'or des fleurs. Ici, jardinière en plastique imitation bois avec réserve d'eau intégrée (L : 72 cm, l : 28 cm, P : 30 cm).

La plantation

Automne. Soleil. Une terre légère et bien drainée évite les risques de pourriture et de dépérissement des plantes. Plantez en premier les giroflées, au fond, puis les corbeilles d'or et les pensées sur la bordure. En dernier, enterrez les tulipes à l'aide d'un plantoir à bulbes conique, à environ 8 cm de profondeur.

L'entretien

Durant l'hiver, placez la jardinière dans un coin abrité du balcon. Protégez sous un voile d'hivernage pendant les grands froids. Attention aux excès d'humidité.

L'évolution du décor

Ces plantations peuvent être laissées en place d'une année sur l'autre, à part les pensées qui doivent être remplacées chaque automne ou au début du printemps. On peut aussi tout changer après la floraison pour céder la place aux floraisons d'été.

Jaune et bleu, voici deux couleurs en parfait accord pour personnaliser un balcon printanier. Pour les bleus, plantez un céanothe 'Concha', des aubriètes et des myosotis. Pour les jaunes : corbeilles d'or, tulipes et pensées.

L'éclat des narcisses

FLORAISON : DE MARS À DÉBUT MAI

Si vous n'avez jamais planté de bulbes sur vos fenêtres ou votre balcon, c'est assurément avec les narcisses qu'il faut commencer. Leur floraison éclatante n'est jamais capricieuse, dure longtemps et symbolise vraiment le printemps.

*Prenez une belle jarre en terre cuite ou en plastique habillée d'un revêtement décoratif. L'élégance ou l'originalité du contenant est primordiale. Plantez en octobre les bulbes de narcisses de Constantinople (*Narcissus tazetta *'Géranium'), à seulement 2 cm les uns des autres. Laissez reposer tout l'hiver dans un coin abrité du balcon. Dégustez cette généreuse brassée en avril, en prenant soin de frôler les fleurs de temps en temps pour savourer leurs délicates senteurs. Facultatif : accompagnez d'une potée de jacinthes et de muscaris.*

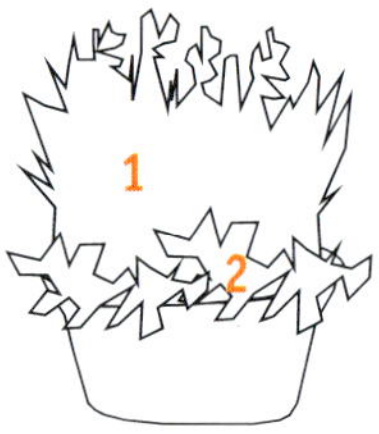

Vos achats

1 Narcisse jonquille 'Suzy'	*12 bulbes*
2 Anémone blanda 'Blue Star'	*10 bulbes*
Terreau allégé avec de la tourbe	

Achetez les bulbes en octobre. Évitez de les conserver à la chaleur avant la plantation.

Quel pot choisir

Jardinière, pot ou vasque de profondeur moyenne. Ici, terre cuite ronde (D : 50 cm, P : 30 cm).

La plantation

De septembre à mi-novembre. Soleil ou mi-ombre. Remplissez le pot avec le terreau en vous arrêtant environ 15 cm avant le bord supérieur. Répartissez les narcisses. Couvrez-les de terreau en laissant seulement la pointe apparaître. Intercalez les bulbes d'anémones entre les narcisses. Recouvrez encore de 5 cm de terreau. Tassez avec le bout des doigts et arrosez en douceur.

L'entretien

Couvrez de tourbe ou d'un voile d'hivernage si les bulbes pointent leur nez trop tôt en hiver. Pensez à arroser au printemps, même s'il pleut, pour prolonger la période de floraison. Coupez les fleurs fanées des narcisses, sans toucher au feuillage.

L'évolution du décor

Les narcisses et les anémones blanda peuvent être laissés en permanence dans leur pot et refleurir chaque année. Pour cela, ne coupez pas le feuillage des narcisses avant qu'il ne se dessèche naturellement (en juin-juillet) et arrosez très peu en été.

Très tendance, la « récup » de vieux objets ne manque pas de charme. Pensez à ouvrir 3 ou 4 petits trous au fond de la bassine avec une perceuse, puis étalez un lit de billes d'argile avant de faire les plantations. L'eau d'arrosage doit pouvoir s'écouler pour éviter la pourriture des bulbes (narcisses) et des petites plantes (primevère, lamier et heuchéra).

Potées miniatures

FLORAISON : DE MARS À MAI

Vous êtes incorrigible, et vous le savez, car chaque année vous vous laissez séduire par les milliers de variétés proposées dans les jardineries ou sur les catalogues. Comme vous manquez de place, il ne vous reste plus qu'à les cultiver en échantillon, dans des petits pots ravissants. Finalement, le résultat est plutôt sympathique.

Vos achats

1 Jacinthe 'Queen of the Violets'	*3 bulbes*
2 Pensée rouge	*3 plants*
3 Crocus 'Pickwick'	*12 bulbes*
4 Pensée jaune	*3 plants*
5 Jacinthe 'Anne Marie'	*5 bulbes*
6 *Crocus vernus* 'Purpureus'	*10 bulbes*
7 Pensée blanche à macule	*3 plants*
Terreau et tourbe brune	

Une étagère métallique à plusieurs étages est idéale pour mettre en valeur ces petites potées fleuries. Vous pouvez aussi les aligner sur un rebord de fenêtre.

Quel pot choisir

Terre cuite, céramique, plastique... de 10 à 20 cm de diamètre, avec un trou de drainage. Évitez les cache-pot étanches. Rien ne vous empêche de mélanger les formes et les couleurs.

La plantation

De septembre à mi-novembre pour les bulbes et les pensées. Ces dernières peuvent aussi être mises en place au début du printemps. Soleil ou mi-ombre. Installez chaque variété dans un pot individuel.

L'entretien

En hiver, protégez les pots sous un voile d'hivernage ou sous un plastique à bulles pendant les périodes de gel important.

L'évolution du décor

Après la floraison, arrachez toutes les plantes. Jetez les pensées. Stockez les bulbes dans une cave ; vous les replanterez l'automne suivant.

IDÉE CONSEIL

Cocktail parfumé : les nouvelles variétés de jacinthes nous offrent des coloris pastel vraiment craquants. Dans une belle terre cuite aux dimensions confortables, 'Splendid Cornelia' (lilas) et 'Gipsy Queen' (orange saumoné) se mettent mutuellement en valeur. Leur parfum puissant vous ravira durant plus de 3 semaines.

La tulipe en avant

FLORAISON : AVRIL

Pour réussir une belle potée printanière, la tulipe est une plante de choix, à condition de ne pas succomber à toutes les variétés proposées. Sur un balcon ou une fenêtre, il faut des tiges courtes et solides capables de résister au vent, une longue floraison et, si possible, un parfum délicat.

1 Pense-bête : n'oubliez pas de planter vos bulbes à floraison printanière en automne, de septembre à mi-novembre. Commencez par la mise en place des pensées qui leur tiendront compagnie. Elles sont déjà en fleur en septembre-octobre et le resteront jusqu'à la fin du printemps sans interruption, ou presque, pendant l'hiver.

2 Répartissez ensuite les oignons de tulipes en surface pour combler tous les espaces libres. Le plantoir à bulbes permet de les enterrer avec précision, sans bousculer les pensées.

Vos achats

1 Tulipe 'Princesse Charmante'	*8 bulbes*
2 Myosotis bleu	*5 plants*
Terreau allégé avec un peu de sable ou des petites billes d'argile	

Des bulbes de *Chionodoxa luciliae* peuvent remplacer les myosotis.

Quel pot choisir

En plastique, en bois ou en terre cuite. D : 35 cm, P : 26 cm.

La plantation

De septembre à mi-novembre. Soleil. Remplissez le pot de terreau en vous arrêtant environ 12 cm sous le bord supérieur. Répartissez les tulipes en plaçant le premier bulbe au centre puis en formant un cercle tout autour. Recouvrez de terreau. Disposez les petits plants de myosotis en couronne sur les bords du pot.

L'entretien

Protégez éventuellement sous un voile d'hivernage durant les périodes les plus froides de l'hiver. Arrosez pendant la floraison et jusqu'en mai-juin. Coupez les fleurs fanées des tulipes en mai.

L'évolution du décor

Arrachez les bulbes de tulipes lorsque le feuillage devient jaune si vous désirez les faire refleurir au printemps suivant. Conservez-les au sec, dans une cave. Jetez les myosotis.

Une jardinière porte-bonheur

FLORAISON : AVRIL-MAI

On peut parier que les voisins du dessus se pencheront sur votre balcon pour renifler les délicates senteurs de votre jardinière de muguet. Et s'ils sont sympas, vous pourrez leur expliquer qu'ils n'ont qu'à planter leurs griffes pour suivre votre exemple.

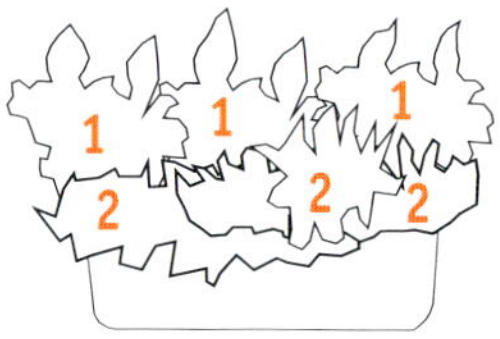

Vos achats

1 Muguet	*1 dizaine de griffes*
2 Myosotis	*6 plants*
Mélange terre de bruyère et tourbe	

Les griffes de muguet sont vendues par petites bottes enrobées dans de la mousse des bois ou de la tourbe. Elles sont plus économiques que les potées fleuries.

Quel pot choisir

Tout contenant décoratif ayant des trous de drainage et une profondeur d'environ 15 cm. Ici jardinière en terre cuite (L : 50 cm, l : 15 cm, P : 16 cm).

La plantation

Mars. Mi-ombre ou ombre. Partez d'une extrémité de la jardinière pour planter, en alternant myosotis et muguet. Utilisez la mousse des bois qui emballait les griffes de muguet pour habiller la terre nue entre les plantes.

L'entretien

Coupez les fleurs fanées du muguet. Maintenez la terre humide en permanence et gardez la jardinière à l'ombre durant l'été.

À savoir : les tiges souterraines du muguet (rhizomes) font penser à des racines en forme de griffes (d'où leur nom). Veillez à bien les étaler en étoile avant de les recouvrir de terre.

L'évolution du décor

Après la floraison, arrachez les myosotis et remplacez-les aussitôt par des plantes aimant l'ombre bacopa, impatiens, asparagus, lierre, lobélia...). S'il ne sèche pas en été, le muguet peut refleurir plusieurs années de suite dans la même jardinière.

Le temps du lilas

FLORAISON : AVRIL-MAI PUIS FIN D'ÉTÉ

Ce doux parfum qui évoque notre enfance et annonce les beaux jours, seul le lilas saura vous l'offrir. Évidemment, sur un balcon, ce genre d'arbuste peut paraître encombrant. Mais avez-vous pensé aux variétés à petites fleurs, légères, compactes et de longue durée ?

Vos achats

1 Lilas à petites fleurs (*Syringa microphylla* 'Superba') — *1 plant en conteneur*
2 Anthémis — *1 potée fleurie*
3 Marguerite du Cap (*Felicia amelloides*) — *1 potée fleurie*
Terre végétale ou de jardin, bien drainée

Achetez des plantes en conteneur de forte taille pour profiter d'un décor immédiat dès le premier printemps.

Quel pot choisir
Pour le lilas, un contenant d'au moins 30 cm de diamètre et de profondeur. Pour les plantes fleuries, des pots de 20 cm de diamètre suffisent.

La plantation
Avril. Soleil. Prévoyez une bonne couche de graviers ou de billes d'argile au fond du pot du lilas pour assurer un drainage efficace. Installez les fleurs dans des pots individuels placés au pied du lilas.

L'entretien
Syringa microphylla 'Superba', le lilas à petites fleurs, s'épanouit dès avril-mai, puis par petites vagues successives jusqu'en fin d'été. Inutile de le tailler vraiment, contentez-vous de nettoyer les fleurs fanées en septembre.

L'évolution du décor
Le lilas à petites fleurs atteint en moyenne 1 à 1,50 m de hauteur au maximum. Cet arbuste est très résistant au froid, mais son feuillage est caduc. Les anthémis et les marguerites du Cap ou félicias sont proposés dès le mois d'avril, mais attention aux risques de gel si le balcon est mal exposé. Leur floraison se poursuivra jusqu'en fin d'été, après quoi les plantes peuvent être jetées ou conservées à l'abri du froid.

IDÉE CONSEIL

Autres parfums printaniers : narcisse des poètes, narcisse cyclamen, tulipe 'Princesse Charmante', jacinthe, giroflée, mahonia, choisya, genêt, glycine...

Un bouquet de persil

Dès l'arrivée du printemps, les fines herbes utilisées en cuisine peuvent être installées en pot, sur la fenêtre ou au balcon. La bonne idée consiste à les intégrer au décor fleuri tout en les gardant à portée de main.

FEUILLAGE : D'AVRIL À SEPTEMBRE

Ce pot à aromates permet de cultiver un maximum de fines herbes en occupant un minimum de place. Pour faciliter la plantation, le plant de persil acheté en conteneur doit être tranché en plusieurs portions assez étroites pour être glissées par les orifices du pot. Après un bon arrosage, la reprise se fait sans problème et le pot se couvre entièrement de verdure.

Vos achats

1 Persil nain frisé	*1 plant*
2 *Ostéospermum* 'Whirligig'	*1 plant*
3 Diascia	*1 plant*
4 Anisodontéa	*1 plant*
5 Géranium odorant	*1 plant*
Terreau allégé avec des billes d'argile	

Quel pot choisir

En terre cuite ou autre matériau, de 15 à 20 cm de diamètre pour le persil et de 25 à 30 cm de diamètre pour les autres plantes.

La plantation

Mars-avril pour le persil. D'avril à mai pour les autres plantes, selon le climat. Soleil ou mi-ombre. Chaque plante est installée dans un pot individuel et mise en valeur sur un podium à différents niveaux. Celui-ci est réalisé avec des panneaux en contreplaqué marin assemblés en cubes et peints.

L'entretien

Laissez le persil s'étoffer avant de faire des cueillettes fréquentes. Faites des arrosages réguliers et des apports d'engrais azoté pour stimuler le développement du feuillage.

L'évolution du décor

Les cueillettes de persil se poursuivent toute l'année si vous laissez le temps à votre plante de produire de nouvelles pousses. En hiver, abritez votre pot sous une bulle en plastique. Au printemps, la potée de persil risque de dégénérer. Remplacez-la aussitôt par de nouvelles plantations ou un semis. Les autres plantes doivent hiverner hors gel.

Collection d'herbes en pot

FEUILLAGE : DE MARS À OCTOBRE

On peut être gourmet, vouloir cultiver une palette de saveurs digne d'un jardin provençal et ne pas négliger pour autant l'aspect déco du balcon. La solution est simple : créer un effet d'unité en n'utilisant qu'une seule sorte de pot, de taille variable mais de la même couleur.

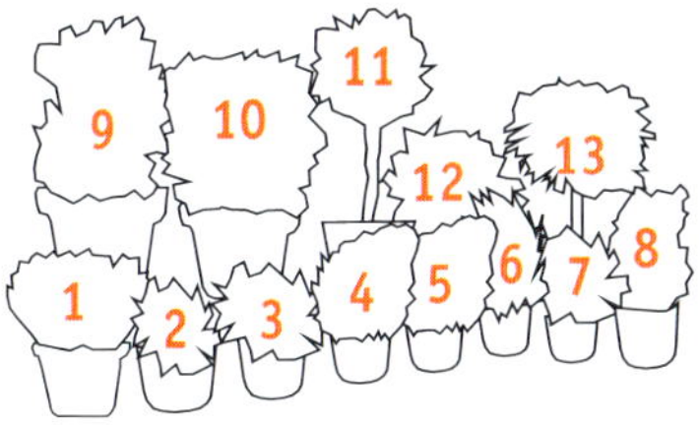

Vos achats

1 Thym	*1 plant*
2 Basilic à feuilles pourpres	*1 plant*
3 Persil à feuilles plates	*1 plant*
4 Sarriette	*1 plant*
5 Estragon	*1 plant*
6 Persil frisé	*1 plant*
7 Ciboulette	*1 plant*
8 Basilic à petites feuilles	*1 plant*
9 Laurier sauce	*1 plant*
10 Menthe panachée	*1 plant*
11 Romarin	*1 plant sur tige*
12 Sauge officinale pourpre	*1 plant*
13 Sauge officinale panachée	*1 plant*
Terreau allégé avec des graviers	
Bon drainage au fond des pots	

Quel pot choisir

De 15 à 20 cm de diamètre. Ici, terre cuite émaillée.

La plantation

Mars à mai. Soleil. Chaque espèce est installée dans un pot individuel, ce qui est plus facile pour gérer les arrosages en fonction des exigences de chacune. Pour donner du relief au décor, les plantes du second rang sont disposées sur une planche surélevée par des pots retournés ou des briques.

L'entretien

Des cueillettes ou des pincements fréquents des pousses d'extrémité sont nécessaires pour inciter les plantes à se ramifier.

L'évolution du décor

La plupart des plantes aromatiques sont vivaces et peuvent séjourner toute l'année sur le balcon. Il suffit de les protéger pendant l'hiver sous un film plastique à bulles. Certaines, comme le thym, le laurier, la sauge, le romarin, gardent leur feuillage en permanence. Le persil et le basilic devront être remplacés chaque année.

Par leur diversité et la texture de leur feuillage, les plantes aromatiques sont aussi utiles qu'attrayantes. Elles méritent d'être mises en beauté dans des pots originaux, de préférence en terre cuite, naturelle ou émaillée.

Les couleurs d'un sous-bois

La façade de votre immeuble est exposée plein nord. Déprimant non ? Sauf si vous découvrez les arbustes de terre de bruyère, de véritables plantes antimorosité capables de s'épanouir et de mettre de la couleur là où tout est gris et sombre.

FLORAISON : AVRIL-MAI

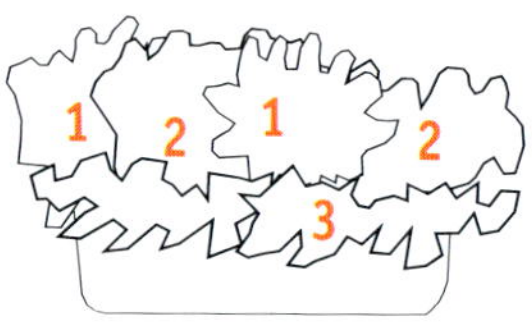

Vos achats

1 Azalée japonaise	*2 plants*
2 Andromède (*Pieris japonica* 'Débutante')	*2 plants*
3 Lierre à petites feuilles	*2 plants*

Mélange de terre de bruyère (2/3) et de tourbe brune (1/3)
Feutre de drainage

Quel pot choisir

Une bonne profondeur (30 cm) est essentielle pour conserver ces arbustes plusieurs années. Ici, bac en pin traité. L : 95 cm, l : 40 cm, P : 33 cm.

La plantation

Mars-avril. Mi-ombre et ombre.

L'entretien

Apportez un engrais spécial « arbustes terre de bruyère » après la floraison. Supprimez les fleurs fanées au fur et à mesure. Évitez d'arroser avec une eau trop calcaire. Maintenez l'humidité de la terre durant l'été.

▶ L'évolution du décor

Après la floraison, le feuillage des andromèdes et des azalées reste décoratif, même en hiver. Vous pouvez égayer le pied de ces plantes durant l'été avec des fleurs aimant l'ombre que vous laisserez retomber sur les bords de la jardinière : impatiens, lobélia, fuchsia retombant...

1 Épandez des billes d'argile au fond de la jardinière. Recouvrez avec un feutre de drainage pour éviter que la terre ne s'écoule entre les joints des planches.

2 Étalez une bâche en plastique sur le sol du balcon. Versez la terre de bruyère et la tourbe. Mélangez le tout.

3 Faites tremper chaque pot pendant quelques minutes afin d'hydrater la motte de terre en profondeur.

4 Éliminez le pot noir (conteneur) en prenant soin de garder la motte de terre intacte.

5 Arrosez au pied de chaque plante. Après le tassage de la terre de bruyère, il peut être nécessaire d'en rajouter en surface.

L'ombre apprivoisée

Cette petite terrasse exposée à l'ouest montre les difficultés à gérer les problèmes d'ombrage sur un balcon. La rambarde habillée d'un treillage masque fortement la lumière tandis qu'au-dessus la végétation est exposée au plein soleil. Le choix des plantes capables de s'adapter à ces situations à double facette doit être mûrement réfléchi.

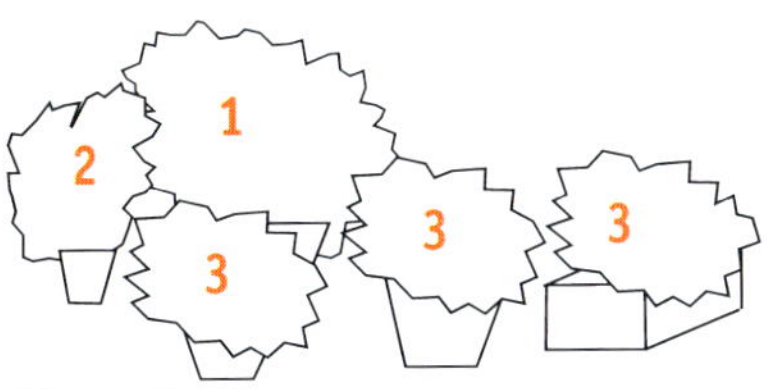

Vos achats

1 Cornouiller (*Cornus nuttalii*)	*1 plant*
2 Chèvrefeuille (*Lonicera japonica* 'Halliana')	*1 plant*
3 Tulipe simple tardive	*10 bulbes*

Mélange terre de bruyère et tourbe, bien drainé

Quel pot choisir

Un grand bac s'avère indispensable (P : 40 cm environ) pour permettre aux arbustes de s'enraciner en profondeur et laisser la place aux floraisons sur les bordures.

La plantation

Mars-avril. Mi-ombre. Chaque espèce – cornouiller, chèvrefeuille, arbustes divers – est installée dans un bac individuel, ce qui permet de les changer de place plus facilement selon les saisons.

L'entretien

Nettoyez le chèvrefeuille en fin d'été. Évitez de tailler le cornouiller sauf pour limiter sa hauteur.

L'évolution du décor

En automne, le feuillage du cornouiller s'enflamme totalement. Le chèvrefeuille s'épanouit tout l'été et garde une grande partie de son feuillage en hiver. À leur pied, des fleurs saisonnières (tulipes, impatiens, coréopsis...) sont remplacées dès qu'elles se fanent.

Comme à la campagne

Accrocher à sa fenêtre des fleurs sauvageonnes, simples, foisonnantes, légèrement indisciplinées et multicolores est dans l'air du temps. Les citadins en raffolent. Ce mélange champêtre est composé de gypsophiles, bleuets, clarkias, chrysanthèmes des moissons...

1 Après avoir rempli la jardinière, tassez et répartissez les graines le plus régulièrement possible.

2 Tamisez du terreau pour recouvrir les graines.

3 Tassez avec une petite planchette.

4 Arrosez et installez la jardinière dans un coin abrité du balcon.

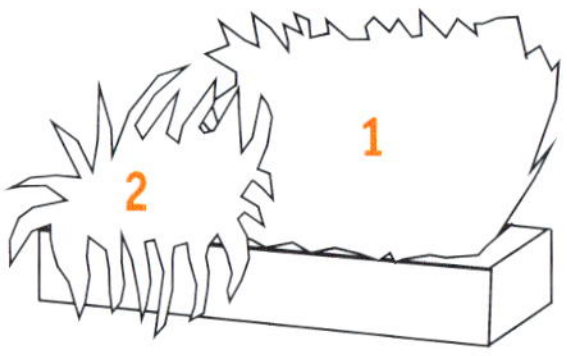

Vos achats

1 Fleurs champêtres en mélange *graines*
2 Graminée (*Hakonechloa* 'Aureola') *1 plant*
Terreau

Quel pot choisir

En harmonie avec le style naturel des fleurs : bois rustique, terre cuite, vieille auge... Évitez le plastique ou la pierre reconstituée et les formes sophistiquées. P : 15 à 20 cm.

La plantation

En mars-avril. Soleil. Les graines sont semées directement en place dans le pot ou la jardinière. Au préalable, pensez à secouer le sachet pour bien mélanger les différentes sortes de graines.

L'entretien

Coupez les fleurs fanées au fur et à mesure pour ne pas les laisser monter à graines et allonger de cette façon la durée de floraison. Surveillez les attaques de pucerons.

L'évolution du décor

Les graines lèvent en 3 à 4 semaines environ. Début de floraison en mai-juin, pendant environ 1 mois. Ces fleurs étant toutes annuelles, vous pouvez les arracher et les remplacer par des floraisons estivales. Vivaces et rustiques, les graminées *(Hakonechloa)* offrent un feuillage d'accompagnement naturel, souple et très durable.

Potées sauvages

Le gaura 'Siskiyou Pink' avec ses longues tiges désordonnées et ses petites fleurs roses, légères comme des libellules, est tout à fait dans le style d'un balcon informel. Le voici associé à un semis de fleurs champêtres rose tendre.

FLORAISON : D'AVRIL-MAI À SEPTEMBRE

Vos achats

1 Gaura 'Siskiyou Pink'	*1 plant*
2 Fleurs annuelles mélange « Rêve Rose »	*graines*
Terreau allégé avec du sable ou de la tourbe	

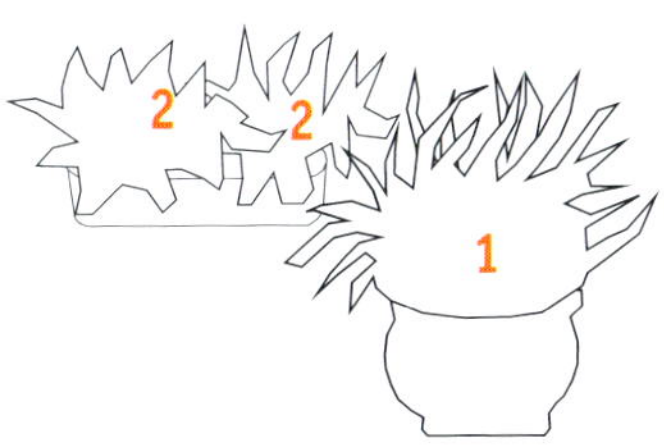

ZOOM

Pavot d'Islande : ce super coquelicot originaire des pays nordiques se laisse facilement apprivoiser en pot ou en jardinière. Pour en profiter au printemps – mai-juin – vous pouvez l'acheter en godet fleuri (effet immédiat) ou le semer vous-même en été (floraison au printemps de l'année suivante). Comparé aux coquelicots sauvages, sa floraison est plus durable et ses couleurs très variées, avec en plus de nouvelles variétés naines – tiges courtes et fleurs très larges – qui sont idéales pour les fenêtres et les balcons.

Quel pot choisir

Terre cuite, bois rustique, métal... matériau naturel en harmonie avec le style champêtre. P : 25 cm, D : 25 à 30 cm pour le pot du gaura.

La plantation

Mars-avril. Soleil. Semez les fleurs annuelles roses, à la volée, directement dans la jardinière. Installez le plant de gaura, seul dans son pot.

L'entretien

Taillez les hampes fanées du gaura.

L'évolution du décor

Les fleurs annuelles de la jardinière dévoilent leurs couleurs en mai-juin, parfois un peu plus tard selon la date du semis. Durée : 1 à 2 mois. Le gaura acheté en potée fleurie en avril-mai s'épanouira sans discontinuer jusqu'en octobre.

Une collection de sédums

FLORAISON : DE MAI À AOÛT

Les auges fleuries sont un peu le refuge des opposants aux géraniums. Avec elles, pas de grand spectacle ni de couleurs éclatantes à la rambarde du balcon, mais un jardin miniature où se côtoient des petites plantes style chameau, capables de résister aux absences très prolongées.

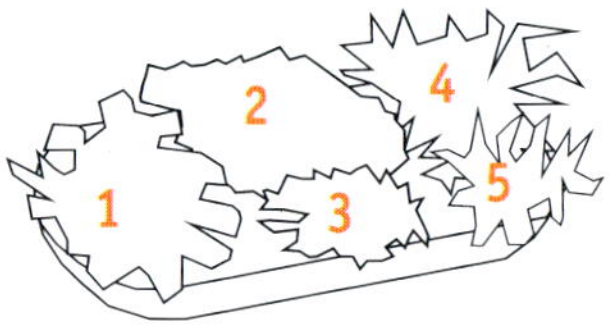

Vos achats

1 *Sedum spurium* 'Coccineum'	1 plant
2 *Sedum kamtschaticum*	1 plant
3 Joubarbe *(Sempervivum)*	1 plant
4 *Sedum spurium*	1 plant
5 *Sedum spathulifolium*	1 plant
Terre végétale légère et bien drainée	

Quel pot choisir

Auge en pierre reconstituée. Ce matériau est solide, décoratif, mais attention il est très lourd. Ici, modèle rectangulaire (L : 65 cm, l : 30 cm, P : 20 cm).

La plantation

Au printemps. Soleil.

L'entretien

Aucun. Ces plantes sont capables de survivre sans arrosage.

1 *Petit shopping pour une plantation dans les règles de l'art.*

2 *Couvrez les billes d'argile d'un feutre de drainage.*

3 *Remplissez avec un mélange de terre, de tourbe et de graviers.*

4 *Arrosez pour assurer la reprise des plantes.*

L'évolution du décor

Les petits sédums et la joubarbe vont s'étaler et couvrir toute la surface de la terre en quelques semaines. Les premières floraisons démarrent au printemps et s'échelonnent tout au long de l'été. Une partie du feuillage persiste durant l'hiver et se colore en automne. Durée de vie : plusieurs années.

Rocaille miniature

Voici une autre version du jardin lilliputien dans une auge. Toutes sortes de plantes de rocaille ou de montagne peuvent y être installées, en jouant sur la diversité de texture des feuillages ou l'originalité des floraisons.

FEUILLAGE : TOUTE L'ANNÉE
FLORAISON : PRINTEMPS ET DÉBUT D'ÉTÉ

Vos achats

1 Sédum	*1 plant*
2 Saxifrage	*1 plant*
3 Joubarbe *(Sempervivum)*	*1 plant*
4 Conifère nain	*1 plant*
5 *Echeveria glauca*	*1 plant*
6 Acaena	*1 plant*
7 Pâquerette à fleurs simples	*1 plant*

Terre de jardin, tourbe et graviers pour faire un mélange très léger et bien drainé
Graviers et petites pierres pour le décor

Quel pot choisir

Auge en pierre reconstituée. Le fond doit être percé de petits trous.

La plantation

Mars-avril. Soleil. Si vous optez pour un autre choix d'espèces de rocaille, vérifiez qu'elles supportent bien la sécheresse.

L'entretien

Divisez les plantes tous les 3 ans environ.

L'évolution du décor

Les espèces cultivées dans cette auge sont rustiques et peuvent rester en place durant plusieurs années. Seule petite fantaisie, l'échévéria est une plante grasse gélive. Vous devrez l'arracher et la rempoter pour l'abriter à la maison avant l'hiver.

ZOOM

Les auges décoratives sont une aubaine pour les amateurs collectionneurs. Dans une seule d'entre elles, ils vont pouvoir réunir 5 ou 6 espèces ou variétés de leur plante préférée et leur offrir les meilleures conditions possibles : terre adaptée, drainage... Chacun ses folies : plantes grasses, collection de thyms, fleurs alpines... ou, comme sur cette photo, *Rhodohypoxis baurii*. Ces petites plantes rares, originaires d'Afrique du Sud, s'épanouissent avec éclat en fin de printemps si on leur impose un régime sec durant tout l'hiver.

Un paravent de verdure

Tisser un nid de verdure sur un petit balcon demande simplement une pointe d'originalité et quelques brins d'osier. Souples et prêts à s'enraciner, ces derniers se prêtent à toutes sortes d'idées créatives, comme cet écran en croisillons qui évolue au rythme des saisons.

FEUILLAGE : D'AVRIL À OCTOBRE

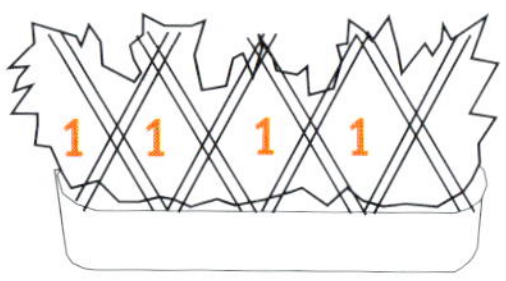

Vos achats

1 Osier vivant (*Salix viminalis*) *20 brins ou scions de 2,10 m de longueur*
Terre de jardin ou terre aquatique en sac mélangée avec de la tourbe brune
Brins d'osier très fins (ralettes)
Support en bois en forme de U (1,50 m de hauteur)

Les osiériculteurs expédient les brins d'osier à domicile.

Quel pot choisir

Jardinière profonde, minimum 40 cm, en plastique, en bois ou autre matériau. Ici, jardinière en plastique (L : 80 cm, l : 35 cm).

La plantation

De novembre à mi-mars. Soleil ou mi-ombre. Dès la plantation, l'écran atteint sa hauteur finale (de 1,80 à 2 m). Vous pouvez aussi retailler les brins d'osier avant la plantation si vous préférez un écran plus bas.

L'entretien

Taillez les extrémités des petits rameaux se formant sur les tiges d'osier pendant la période de végétation pour obtenir un écran dense et régulier. En février, chaque année, faites une taille plus sévère, au ras des brins d'osier. Arrosez très régulièrement et copieusement d'avril à octobre.

L'évolution du décor

Les brins d'osier vont former leurs racines durant les premières semaines suivant la plantation et se couvrir de verdure dès l'arrivée du printemps. En hiver, les rameaux sont complètement dénudés mais colorés. La durée de vie d'un écran en osier tressé dans une jardinière est d'environ 3 à 5 ans, davantage encore si l'entretien est régulier.

1 Installez le support en bois dans la jardinière avant de la remplir de terre.

2 Plantez les brins d'osier par groupes de 4, tous les 10 cm. Enfoncez-les de 20 cm environ dans la terre.

3 Croisez les brins 2 par 2, par rangs espacés d'environ 10 à 12 cm.

4 Attachez-les à chaque jonction avec la ralette (ou du raphia).

5 Poursuivez le tricotage des brins en croisant chaque rang dans le même sens et au même niveau.

6 Courbez en arceau les brins plantés à chaque extrémité. Attachez-y les autres brins et coupez les pointes.

Coup de cœur : la souplesse des tiges de saule utilisées pour cet écran verdoyant laisse une ouverture à toutes les fantaisies.

Les plantes de votre balcon de printemps

Tout va trop vite au printemps et il faut beaucoup de sang-froid pour ne pas se laisser emporter par la vague délirante des premières floraisons succédant à la grisaille hivernale. On perd ses repères. Sur les points de vente jardin, les authentiques fleurs printanières voisinent avec les « estivales », sans que personne ne vous avertisse des risques de gel encore possibles à cette saison. Pour éviter les confusions et profiter très tôt des couleurs printanières, il est plus judicieux de faire ses achats de bulbes et de fleurs bisannuelles (pensées, myosotis, giroflées...) en automne. Les plantes vivaces, les grimpantes et les arbustes gagnent aussi à être installés en même temps, bien que tout reste encore possible à la dernière minute. Mais en étant prévoyant, vous aurez plus de choix, des prix plus sages et tout l'hiver pour imaginer les surprises colorées qui surgiront de vos jardinières.

ALYSSUM SAXATILE

Un coussin en or

Plante vivace. H : 20 cm.
Intérêts : couvre-sol jaune d'or en avril-mai. Increvable.
Notre choix : *Alyssum* 'Compactum', idéal en jardinière, et *Alyssum* 'Sulphureum', pour sa couleur originale jaune soufre.
Prévoir : un terreau très bien drainé et pas trop d'eau.
Associations : aubriète, *Phlox subulata*, corbeille d'argent, œillet deltoïde, arbustes à floraison printanière.

ANÉMONE BLANDA

Un tapis multicolore

Bulbe à fleurs. H : 10 cm.
Intérêts : floraison de longue durée en mars-avril.
Notre choix : variétés blanc pur, rose, bleue, mauve ou en mélange, à harmoniser avec les fleurs associées.
Prévoir : reste plusieurs années en place en s'étalant.
Associations : au pied d'arbustes (prunus, forsythia, pommier d'ornement...), de narcisses, de tulipes...

supporte une petite période de sécheresse

laissez sécher la terre en surface entre 2 arrosages

terre fraîche en permanence

plantes avides d'humidité

soleil

mi-ombre

ombre

AUBRIÈTE

Dense et colorée

Plante vivace. H : 15 cm.

Intérêts : grande facilité d'adaptation. Floraison en avril-mai.

Notre choix : coloris variés très nuancés, rose, rouge, violet, bleu, lilas...

Prévoir : achetez les plants en fleur pour choisir votre couleur préférée. Division tous les 3 ans, en été.

Associations : avec des plantes tapissantes vivaces (corbeille d'or, arabis, œillet, arméria...), des bulbes printaniers ou au pied d'arbustes à fleurs.

AZALÉE

Pour l'ombre

Arbuste de terre de bruyère. H : 50 cm à 1 m.

Intérêts : floraison printanière éclatante pour balcon à l'ombre. Port compact.

Notre choix : les azalées japonaises ont un feuillage persistant et restent de petite taille. Selon les variétés, floraison de début avril à fin mai, dans des coloris rose tendre, violet, blanc...

Prévoir : plantation dans un mélange de terre de bruyère et de tourbe brune.

Associations : andromède, bruyère, camélia, *Magnolia stellata*, skimmia, bulbes à fleurs, hosta...

CÉANOTHE

Un bleu craquant

Arbuste. H : 1 à 2 m.

Intérêts : superbe floraison bleue en avril-mai. Feuillage persistant. Tiges souples pouvant être palissées sur un treillage.

Notre choix : *Ceanothus* 'Concha' ou 'Blue Mound' (port compact) et *Ceanothus* 'Repens' (tapissant et retombant). Ne pas les confondre avec les céanothes à feuilles caduques qui fleurissent en été.

Prévoir : protection hivernale ou microclimat doux (-5 °C minimum). Mélange terreau et tourbe bien drainé. Taille après la floraison.

Associations : alysse, fremontodendron, genêt, giroflée, tulipe...

CLÉMATITE

Une liane fleurie

Plante grimpante. H : 2 à 4 m.

Intérêts : effet de luxuriance. Les tiges peuvent aussi bien grimper ou retomber en cascade sur la rambarde du balcon. Floraison éblouissante et parfumée en mai-juin.

Notre choix : les *Clematis montana* (petites fleurs très nombreuses) sont plus envahissantes mais moins capricieuses que les espèces à grandes fleurs. Coloris : rose ou blanc.

Prévoir : treillage ou fils de fer tendus. Exposition non ventée. Taillez uniquement pour limiter le développement, après la floraison. Plantation en automne ou au printemps.

Associations : rosier grimpant.

CROCUS

Adorable et précoce

Bulbe à fleurs. H : 10 cm.

Intérêts : une des toutes premières fleurs à annoncer le printemps. Floraison de février-mars à avril.

Notre choix : *Crocus chrysanthus* (fleurs bicolores), *Crocus vernus* (grandes fleurs, coloris très variés).

Prévoir : petits pots décoratifs pour les mettre en valeur. Terreau allégé avec du sable. Les crocus se naturalisent facilement.

Associations : muscari, scille, tulipe hâtive, *Viola cornuta*...

FLEURS CHAMPÊTRES

Effet bucolique

Plantes annuelles. H : 30 cm.

Intérêts : spontanéité et fraîcheur des fleurs sauvages. Étonnant et pas cher. Durée de floraison : environ 1 mois.

Notre choix : graines en mélange de fleurs champêtres (bleuet, coquelicot, immortelle, souci, gypsophile, clarkia...).

Prévoir : semis direct dans la jardinière, en mars-avril pour une floraison en mai-juin. Terreau bien drainé.

Associations : placez des potées de graminées à proximité des fleurs champêtres.

FORSYTHIA

Symbole printanier

Arbuste. H : 1 m.

Intérêts : sa floraison jaune d'or en février-mars annonce le retour des beaux jours.

Notre choix : les nouvelles variétés comme 'Mêlée d'Or' et 'Boucle d'Or' à port très compact ont été spécialement créées pour la culture en pot.

Prévoir : plants à racines nues (en automne) ou en conteneur (au tout début du printemps). Taillez aussitôt après la floraison. Le feuillage est caduc.

Associations : égayez le pied du forsythia avec des petits bulbes à fleurs bleues (jacinthe, muscari, scille...).

Quand acheter les plantes printanières

De septembre à mi-novembre : *bulbes à fleurs (narcisse, tulipe, jacinthe...), plantes bisannuelles (giroflée, myosotis, pensée...).*

Octobre-novembre : *vivaces, grimpantes, arbustes à fleurs.*

Février-mars : *vivaces, grimpantes, arbustes et plantes bisannuelles.*

FREMONTODENDRON

Originalité assurée

Arbuste. H : 2 m.

Intérêts : grandes fleurs jaune d'or en mai-juin. Feuillage persistant. Tiges souples semi-grimpantes.

Notre choix : *Fremontodendron californicum* classique (frémontia).

Prévoir : exposition abritée et protection hivernale. Résiste jusqu'à -5 °C environ. Treillage pour le diriger contre un mur.

Associations : céanothe, giroflée, lavande papillon, romarin.

GENÊT

Pas de soucis

Arbuste. H : 50 cm à 1 m.

Intérêts : floraison éclatante, jaune d'or, en mai-juin. Achat coup de cœur. Plante facile à satisfaire.

Notre choix : *Genista lydia* et *G. pilosa* 'Vancouver Gold' pour leur port compact et leur floraison en cascade.

Prévoir : terreau ou terre de jardin bien drainée. Taille après floraison.

Associations : buis, céanothe, conifère nain, lavande, romarin.

GIROFLÉE

Délicieusement parfumée

Plante vivace. H : 40 cm.

Intérêts : hampes florales élancées, dans les tons roux, bruns, jaunes ou orangés, de début mars à fin juin.

Notre choix : giroflée ravenelle *(Cheiranthus cheiri)*. Variétés naines (20 cm) ou plus hautes (60 cm) selon la dimension des bacs.

Prévoir : utilisation permanente ou saisonnière au choix. À proximité d'une fenêtre, le parfum puissant peut être gênant.

Associations : myosotis, pensée, primevère, tulipe violet foncé ou noire.

GLYCINE

À domestiquer

Plante grimpante. H : 2 à 8 m.

Intérêts : longues grappes de fleurs parfumées en mai. Tiges volubiles faciles à diriger mais demandant une surveillance constante. Feuillage caduc à belle coloration automnale.

Notre choix : glycine du Japon *(Wisteria floribunda)*, à fleurs bleues, mauves, roses ou blanches.

Prévoir : support solide pour diriger les tiges principales. Tailles régulières. Peut aussi être formée sur tige, en petit arbre pleureur. Évitez un terreau trop riche (cause de non-floraison) ou une terre calcaire (feuilles jaunes).

Associations : à éviter.

GROSEILLIER À FLEURS

Gracieux et léger

Arbuste. H : 1,50 m.

Intérêts : fleurs rose foncé et feuillage vert tendre en avril.

Notre choix : *Ribes* 'King Edward VII', port compact et rameaux érigés.

Prévoir : terreau ou terre végétale. Le feuillage est caduc.

Associations : heuchéra, pâquerette, primevère, *Prunus triloba* et *P. glandulosa*, tulipe rose ou blanche...

REPÈRES

Les véritables floraisons printanières sont les bulbes à fleurs et les plantes bisannuelles. Elles résistent bien aux températures de la saison. Les floraisons estivales (anthémis, géranium...) proposées dès le mois d'avril, voire en mars, sortent directement des serres chauffées des horticulteurs et sont très vulnérables aux coups de froid qui nous guettent jusqu'au début du mois de mai.

IBÉRIS

Neige d'avril

Plante vivace. H : 25 cm.

Intérêts : coussin de verdure persistant, se couvrant de fleurs blanc neige d'avril à juin. Increvable.

Notre choix : ibéris ou thlaspi 'Snowflake', très compact.

Prévoir : bon drainage. Taille légère après la floraison. Terre végétale ou terreau.

Associations : aubriète, corbeille d'or, jacinthe, muscari, tulipe...

JACINTHE

Des senteurs de sous-bois

Bulbe à fleurs. H : 25 cm.

Intérêts : floraison très parfumée et de longue durée en mars-avril.

Notre choix : coloris pastel ou vifs. Les variétés pourpre foncé semblent faner plus rapidement.

Prévoir : si vous avez oublié de planter les bulbes en automne, on trouve facilement des potées de jacinthes fleuries en hiver et au début du printemps.

Associations : myosotis, pâquerette, pensée et *Viola cornuta*, primevère, tulipe...

LILAS

Un parfum romantique

Arbuste. H : 1,50 m.

Intérêts : senteurs et couleurs. Plante rustique et peu exigeante.

Notre choix : le lilas à petites fleurs (*Syringa microphylla* 'Superba') s'épanouit d'avril à juillet. Le lilas à grandes fleurs simples ou doubles est plus spectaculaire, mais ne dure que quelques semaines en avril.

Prévoir : grand pot d'au moins 40 cm de profondeur. Terre de jardin bien drainée. Après la floraison, moins d'intérêt. Le feuillage est caduc.

Associations : à cultiver seul dans son pot, en compagnie de rosiers, cornouillers, viburnums...

MUGUET

Un brin de délicatesse

Plante vivace. H : 25 cm.

Intérêts : clochettes parfumées en avril-mai et feuillage tapissant décoratif durant l'été.

Notre choix : muguet classique à fleurs blanches ou teintées de rose ('Rosea').

Prévoir : plantez les rhizomes ramifiés (griffes) en automne ou en février-mars. Mélange terre de bruyère et tourbe ou terreau.

Associations : helxine, lierre à petites feuilles, mousse des bois, myosotis.

MUSCARI

Un tapis outremer

Bulbe à fleurs. H : 20 cm.

Intérêts : épis de fleurs d'un bleu intense formant un tapis très dense. Très longue floraison en avril-mai. Un des meilleurs bulbes à cultiver en pot.

Notre choix : *Muscari armeniacum* classique est le plus intéressant. Il a été élu bulbe de l'année 2000.

Prévoir : plantez les bulbes en octobre-novembre dans du terreau allégé avec du sable.

Associations : alysse, myosotis, narcisse, pensée, primevère, tulipe...

MYOSOTIS

Volutes bleues

Plante bisannuelle. H : 25 cm.

Intérêts : floraison légère et vaporeuse, très couvrante et de longue durée, de mars à juin.

Notre choix : nombreuses variétés, bleu ciel ou très vif, rose pâle ou foncé, formes naines et compactes ou plus libres.

Prévoir : achetez les plants fleuris en automne ou en mars. Semis possible en place en juillet-août. Terreau.

Associations : en tapis, au pied des bulbes à fleurs (jacinthe, narcisse, tulipe...).

NARCISSE

Un bouquet de senteurs

Bulbe à fleurs. H : 20 à 40 cm.

Intérêts : longue floraison parfumée dans les tons jaunes ou blancs, de fin février à début mai.

Notre choix : espèces à petites fleurs multiples, tels *Narcissus triandrus*, N. des poètes, N. cyclamen, N. jonquille, *N. tazetta*. Évitez les variétés à grosses fleurs qui s'écroulent.

Prévoir : plantez les bulbes de narcisses de septembre à mi-novembre. Laissez-les dans le même pot pendant plusieurs années. Terreau allégé avec du sable.

Associations : anémone blanda, jacinthe, muscari, myosotis, pensée, primevère, *Viola cornuta*.

PÂQUERETTE

Au ras des jardinières

Plante bisannuelle. H : 15 cm.
Intérêts : pompons aux couleurs tendres tout au long du printemps.
Notre choix : pâquerettes pomponnette et tasso, par couleurs (blanc, rose ou rouge) ou en mélange.
Prévoir : plantation en automne ou au tout début du printemps. Terreau bien drainé. À remplacer après la floraison.
Associations : jacinthe, myosotis, narcisse, pensée, tulipe, arbustes à floraison printanière...

PENSÉE ET VIOLA

Tendres et naïves

Plantes bisannuelles. H : 15 cm.
Intérêts : style rétro plein de charme. Durée de floraison exceptionnelle (plus de 6 mois). Large palette de variétés.
Notre choix : toutes les pensées (sauf les variétés à fleurs géantes) et toutes les violettes cornues *(Viola cornuta)* font de magnifiques potées.
Prévoir : les plants installés en automne fleurissent déjà en hiver. Recherchez des coloris plus raffinés que les mélanges de couleurs agressifs souvent proposés dans les jardineries.
Associations : giroflée, muscari, myosotis, pâquerette, tulipe, arbustes à fleurs.

PIÉRIS

Charme et élégance

Arbuste de terre de bruyère.
H : 60 cm à 1 m.
Intérêts : floraison parfumée en grappes blanches ou rosées, en mars ou avril. Jeunes pousses rouge vif. Silhouette compacte et croissance lente.
Notre choix : andromède ou *Pieris* 'Débutante' (fleurs blanc pur), *P.* 'Forestii' et *P.* 'Forest Flame' (feuillage très rouge, photo).
Prévoir : plantation dans un mélange de terre de bruyère et de tourbe brune, en automne ou au début du printemps.
Associations : azalée, bruyère, fougère, muguet, rhododendron nain, skimmia.

PRIMEVÈRE

Une fraîcheur toute printanière

Plante vivace. H : 10 à 30 cm.
Intérêts : floraison légère et coloris frais, de mars à mai. Feuillage souvent décoratif, vert tendre.
Notre choix : *Primula denticulata* (photo) et *Primula* x *pubescens* sont plus originales que la classique primevère des jardins.
Prévoir : arrachez-les après la floraison si le balcon est en plein soleil et peu arrosé en été.
Associations : azalée, fougère, hosta, jacinthe, lierre, myosotis, saxifrage.

PRUNUS

Doux et candide

Arbuste. H : 1 à 1,50 m.

Intérêts : tous les rameaux se couvrent de petits pompons de fleurs roses ou blanches, en mars-avril.

Notre choix : amandiers d'ornement, *Prunus triloba* (à fleurs roses) et *Prunus glandulosa* 'Alba Plena' (à fleurs blanches).

Prévoir : bac profond, terre végétale et terreau. Peu d'intérêt après la floraison. Taillez en mai-juin. Protection sous voile d'hivernage.

Associations : habillez le pied de l'arbuste avec des petites fleurs tapissantes (jacinthe, muscari, myosotis, primevère, scille, *Viola cornuta*...).

ROMARIN

Un parfum provençal

Arbuste. H : 50 cm à 1 m.

Intérêts : feuillage persistant aromatique. Fleurs bleues en avril-mai et en septembre. Supporte très bien la taille.

Notre choix : romarin officinal classique et romarin 'Prostatus' (port retombant). Ce dernier est plus frileux.

Prévoir : terre légère et bien drainée. Voile d'hivernage.

Associations : autres plantes aromatiques (laurier, thym, sauge...), lavande, narcisse, rosier, tulipe...

SAXIFRAGE

Un coussin moussu

Plante vivace. H : 15 cm.

Intérêts : tapis de feuillage doux comme de la mousse se couvrant de fleurs légères au printemps.

Notre choix : saxifrage-mousse *(Saxifraga arendsii)*, coloris blanc, rose ou rouge.

Prévoir : terreau bien drainé.

Associations : primevère, myosotis, tulipe, jacinthe, arbustes à floraison printanière.

TULIPE

Pour ses couleurs

Bulbe à fleurs. H : 25 à 35 cm.

Intérêts : diversité des formes et des coloris. Bonne tenue en pot. Floraison de début mars à fin mai selon les espèces.

Notre choix : tout est possible si vous prenez soin d'harmoniser les couleurs et d'éviter les tiges trop hautes.

Prévoir : plantation des bulbes de septembre à mi-novembre. Terreau allégé avec du sable.

Associations : anémone blanda, muscari, myosotis, narcisse, pâquerette, pensée, primevère, *Viola cornuta*...

l'été au balcon

Des étoiles jaune d'or

Peu de couleurs résistent à la lumière écrasante du plein soleil. Garanti grand teint, le jaune s'y révèle pétillant, dynamique, éclatant et pourtant jamais il ne se montrera agressif ou tape-à-l'œil. Une vraie couleur estivale, à utiliser avec décontraction et naturel, en compagnie de feuillages verdoyants.

FLORAISON : DE JUIN À NOVEMBRE

Vos achats

1 *Bidens ferulifolia*	*3 plants*
2 *Sanvitalia procumbens*	*2 plants*
3 Œillet d'Inde	*graines*
à fleurs simples (jaunes)	*ou 3 plants*

Mélange terreau et tourbe, ou terre de jardin enrichie avec du terreau

Quel pot choisir

En terre cuite ou en plastique. D et P : environ 22 cm pour chaque plante. Cache-pot métallique jaune pour la déco.

La plantation

Avril-mai. Soleil. Les œillets d'Inde peuvent être achetés en plants (mai) ou semés directement dans le pot (avril). Les potées sont mises en valeur sur une étagère métallique à plusieurs niveaux.

L'entretien

Aucun, à part des arrosages copieux et réguliers.

▶ L'évolution du décor

Ces floraisons annuelles s'épanouissent abondamment et sans interruption tout l'été. Elles disparaissent en fin de saison.

▲

Du rose pour égayer : à côté d'un jaune d'or lumineux, le rose tendre semble terne et le rouge franchement agressif. Préférez des corolles rose vif pour valoriser l'éclat chaleureux des fleurs dorées. Ci-dessus pétunias et bidens.

La délicatesse du jaune pâle

FLORAISON : DE JUIN À SEPTEMBRE

Le jaune pâle est une couleur subtile et originale. Il accroche la lumière et s'harmonise aisément avec beaucoup d'autres teintes. Adoptez-le pour créer des jardinières douces et raffinées : c'est l'antidote des atmosphères glaciales et le rayon de soleil des façades tristounettes.

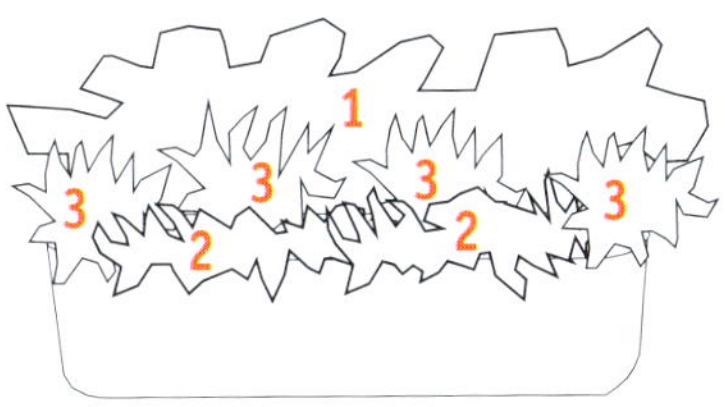

Vos achats

1 Pétunia jaune pâle 'Prism Sunshine'	*3 plants*
2 *Thymophylla tenuiloba*	*3 plants*
3 Verveine 'Imagination'	*3 plants*
Terreau	

Quel pot choisir

Une jardinière de couleur blanche valorise l'éclat du jaune pâle et met en relief la verdure des feuillages. L : 60 cm, l : 21 cm, P : 18 cm.

La plantation

Avril-mai. Soleil. Alignez les pétunias au fond de la jardinière, tous les 20 cm environ. Intercalez les thymophyllas (petites fleurs jaune vif) et les verveines (feuillage léger et port retombant) au premier plan.

L'entretien

Pincez les pousses d'extrémité des verveines et des thymophyllas en juin pour en favoriser la ramification. Arrosez au pied des plantes en évitant de mouiller les fleurs et les feuilles.

L'évolution du décor

Dès le mois de juin, les plantes atteignent leur volume de croisière. En fin de floraison, en septembre-octobre, arrachez tout et remplacez par un décor automnal ou des bulbes printaniers.

Un mariage idéal : si le jaune s'harmonise avec beaucoup de couleurs, c'est toujours avec le violet ou le bleu qu'il forme les couples les plus éblouissants. N'hésitez pas à suspendre à votre balcon ce duo léger et lumineux : Bidens ferulifolia *et* Nemesia *'Ravelo'.*

Un camaïeu de roses

FLORAISON : DE MAI-JUIN À SEPTEMBRE

Étant donné la palette variée des fleurs roses, il est facile d'imaginer une composition monochrome et cependant nuancée, délicate et charmeuse. Prévoyez au moins 3 à 5 espèces différentes pour réaliser des contrastes entre les formes et les textures des corolles.

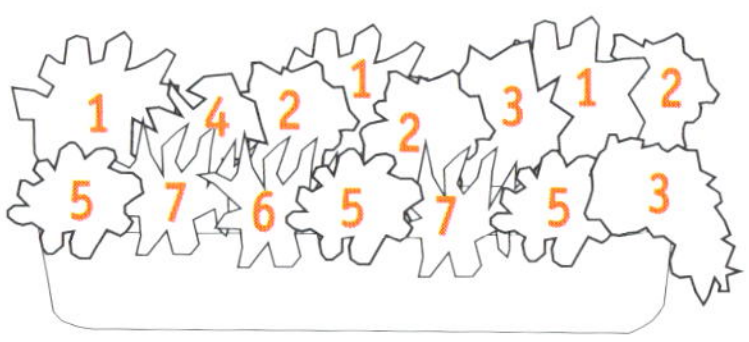

Vos achats

1 Pétunia rose uni et rose veiné	*4 plants*
2 Verveine Tapien	*3 plants*
3 Géranium zonale rose	*2 plants*
4 Bégonia tubéreux rose	*1 plant*
5 *Impatiens walleriana* rose	*3 plants*
6 Lobélia retombant mauve pâle	*2 plants*
7 *Glechoma* 'Variegata'	*1 plant*
Terreau	

N'achetez pas les plants fleuris avant début mai sous les climats à risques de gelées tardives.

Quel pot choisir

Une couleur blanche ou gris clair met en valeur les différentes nuances de rose. Jardinière en plastique ou en terre cuite. L : 60 cm, l : 22 cm, P : 20 cm.

La plantation

Avril-mai. Soleil ou mi-ombre. Disposez les plants en patchwork, en plaçant les espèces à port retombant (lobélia, gléchoma, impatiens...) sur la bordure de la jardinière.

L'entretien

Faites des apports réguliers d'engrais pour plantes fleuries à partir du mois de juin. Limitez le développement du glechoma en le taillant de temps en temps.

L'évolution du décor

La floraison s'intensifie allègrement entre les mois de juin et septembre. Toutes ces plantes étant annuelles, le décor doit être remplacé en fin de saison.

▲

Les effets du rose : cette couleur engendre une atmosphère paisible, reposante, très féminine. Pour éviter un soupçon de mièvrerie, il suffit de rehausser le ton avec quelques floraisons plus soutenues, mauves ou rouge très foncé. La brique, la terre cuite, le bois naturel s'accordent à merveille aux tonalités roses. Ci-dessus, lobélia 'Fountain Rouge Foncé', pétunia 'Daddy Peppermint', géranium zonale rose et verveine 'Imagination'.

Arrêt sur feu rouge

FLORAISON : DE JUIN À OCTOBRE

Le rouge est une vraie couleur estivale, gaie et chaleureuse, avec un impact visuel très fort. Il risque cependant de créer une atmosphère un peu agressive, contraire à l'ambiance reposante que l'on souhaite retrouver sur un balcon. À moins de jouer avec les nuances des rouges, des roses et des mauves et d'ajouter une pointe de verdure pour parvenir à un résultat subtil et piquant.

L'impact des feuillages : dans une composition à dominante rose, il faut se méfier du vert cru des feuillages qui risque d'assombrir l'ensemble. En revanche, les feuilles argentées ou marbrées forment un écrin très valorisant qui donne aussitôt beaucoup d'ampleur à la jardinière. Pensez au lierre panaché, au gléchoma, à l'hélichrysum, à l'artémise…

Vos achats

1 Verveine cascade 'Imagination' *1 plant*
2 Verveine 'Novalis' *3 plants*
(rouge foncé à cœur blanc)
3 *Impatiens walleriana* rose foncé *3 plants*
Terreau allégé avec de la tourbe brune

Quel pot choisir

Vasque assez profonde pour mettre en valeur la végétation en cascade de la verveine. D : 40 cm, P : 35 à 40 cm.

La plantation

Mai. Soleil ou mi-ombre. Mélangez les plants pour obtenir un effet de camaïeu. Placez la verveine retombante au premier plan.

L'entretien

Au début de l'été, taillez les rameaux de la verveine cascade pour limiter son développement un peu envahissant.

L'évolution du décor

La potée peut être installée au soleil, les impatiens se développeront à l'ombre des verveines. Floraison très longue et sans interruption jusqu'aux premiers froids d'automne. Décor saisonnier à remplacer chaque année.

La douceur de l'argent

À l'ombre ou sous une lumière tamisée, le blanc et l'argent deviennent de vraies couleurs, beaucoup plus lumineuses que tous les rouges, les jaunes ou les bleus réunis. Dans cette jardinière, l'association des textures et des nuances crée une composition très raffinée.

FLORAISON : DE JUIN À OCTOBRE

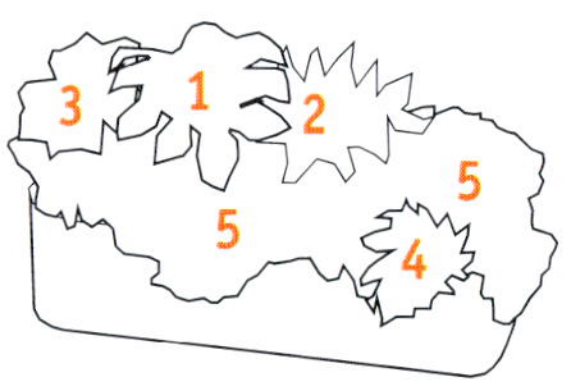

Vos achats

1 *Plectranthus ciliatus*	*1 plant*
2 Cinéraire maritime	*2 plants*
3 Scabieuse du Caucase	*1 plant*
4 Misère (*Tradescantia*)	*2 plants*
5 Lobélia retombant bleu et blanc	*5 plants*
Terreau	

Profitez des expo-ventes de plantes pour trouver ces variétés originales. Utilisez au choix des lobélias bicolores ou complètement blancs ('Fountain Blanc').

Quel pot choisir

Une jardinière blanche de préférence. L : 60 à 70 cm, l : 22 cm, P : 20 cm.

La plantation

Avril-mai. Mi-ombre ou ombre. Installez d'abord les feuillages argentés (plectranthus et cinéraire), puis comblez les espaces libres avec les plants fleuris.

L'entretien

Taillez le plectranthus s'il prend trop d'ampleur.

L'évolution du décor

Les floraisons prennent leur envol en juin et restent attrayantes très tardivement, jusqu'en octobre. Le plectranthus et la misère se bouturent facilement si vous désirez les reproduire pour l'année suivante.

Jouez avec les textures : le velouté du Plectranthus ciliatus *s'oppose à la dentelle légère du cinéraire maritime 'Silver Dust'. Pour faire la liaison, un géranium zonale d'un blanc éclatant est installé au centre du pot (terre cuite de 30 cm de diamètre).*

Mariage en blanc

Pour agrandir visuellement un petit espace de verdure, le blanc est une couleur dont on peut abuser à loisir. Ne craignez aucune monotonie. Entre les annuelles classiques, les bulbes d'été originaux et les feuillages argentés vous avez de quoi réaliser des compositions monochromes pleines de surprises.

FLORAISON : DE JUIN À SEPTEMBRE

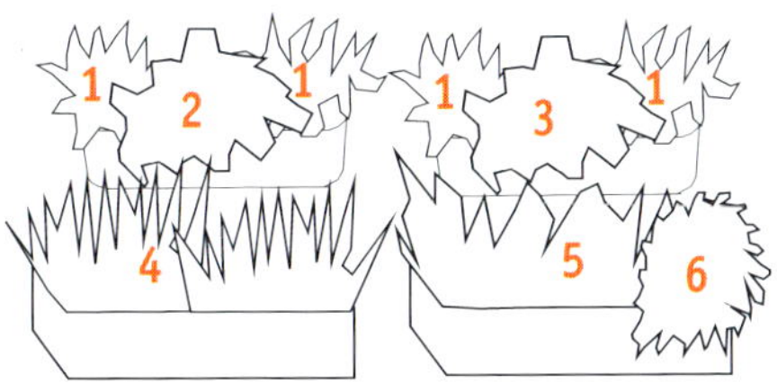

Vos achats

1 Géranium zonale blanc	*5 plants*
2 *Helichrysum petiolare* argenté	*1 plant*
3 *Plectranthus* 'Marginatus'	*1 plant*
4 *Helichrysum angustifolium* ou *italicum* (plante curry)	*3 plants*
5 *Eucomis autumnalis*	*4 bulbes*
6 Gypsophile vivace	*1 plant*
Terreau	

Commandez les bulbes d'eucomis en mars-avril chez un pépiniériste spécialisé.

Quel pot choisir

Restez dans des matériaux classiques de couleur neutre. Sur la rambarde : jardinière en terre cuite. L : 50 cm, l : 15 cm, P : 16 cm. Au sol, jardinières en plastique, à gauche (L : 65 cm, l : 20 cm, P : 18 cm) ; en pierre reconstituée, à droite (L : 55 cm, l : 16 cm, P : 20 cm).

La plantation

Début mai. Mi-ombre. Enterrez les bulbes d'eucomis à 10 cm de profondeur.

L'entretien

Taillez les pousses d'extrémité des plantes à feuillage pour les aider à se ramifier. Nettoyez régulièrement les fleurs fanées des géraniums.

L'évolution du décor

L'ensemble des plantes prend une belle ampleur à partir du mois de juillet. La floraison des eucomis est un peu plus tardive (août), mais sa durée et son originalité méritent une place de choix sur un balcon. Les plants peuvent refleurir plusieurs années de suite s'ils sont protégés du gel durant l'hiver. En attendant, la gypsophile vivace meuble l'espace avec sa floraison légère, en nuage. Les *Helichrysum italicum* sont vivaces et persistants. Il suffit de frôler leur feuillage pour qu'ils répandent une délicieuse odeur de curry. Les jardinières suspendues à la rambarde sont saisonnières mais restent attrayantes jusqu'aux grands froids.

Le charme rétro du mauve

Le simple fait d'utiliser des fleurs de couleur mauve sur un balcon ou une fenêtre révèle une ambiance un brin désuète, idéale pour cultiver la nostalgie des jardins d'autrefois. Parmi les meilleures plantes dans cet emploi, pensez en priorité aux hortensias, en particulier aux variétés aux tons bleu violacé légèrement passé.

FLORAISON : JUILLET-AOÛT

Vos achats

1 Hortensia à fleurs mauves 'Adria'	*2 plants en conteneur*
2 *Helichrysum petiolare* argenté	*2 plants*
3 Pétunia violet	*3 plants*

Terre de bruyère pour les hortensias, terreau et petit morceau de grillage à mailles fines pour les pétunias

Quel pot choisir

Des vasques de style ancien et des matériaux patinés (pierre reconstituée, fonte, terre cuite, bois rustique). Évitez le plastique. Jardinière pour les hortensias. P : 35 à 40 cm.

La plantation

Avril-mai. Mi-ombre ou ombre. Pour accentuer le style « brocante », la vasque contenant les pétunias a été couchée. Avant la plantation, glissez dans la vasque un morceau de tuyau en PVC percé de petits trous. Fixez un coude à l'extrémité. Ce dispositif sera ensuite masqué par la végétation et vous aidera à arroser les pétunias. Pour éviter que le terreau ne glisse hors de la vasque, étalez un petit morceau de grillage en surface et coincez-le sur les bords intérieurs avant de faire les plantations.

L'entretien

Maintenez en permanence la terre de bruyère légèrement humide au pied des hortensias. Utilisez un engrais spécial « hortensia bleu ». Coupez les têtes fanées en fin d'automne. Pincez régulièrement les hélichrysums durant tout l'été.

L'évolution du décor

Les hortensias peuvent rester plusieurs années dans la même jardinière. Les pétunias et les hélichrysums sont saisonniers et à arracher avant l'hiver.

Du violet tout en nuances

FLORAISON : DE JUIN À SEPTEMBRE

Pour éviter les fausses notes ou les accords trop criards, le plus simple est d'opter pour une seule couleur dominante puis de la décliner sur tous les tons. Si vous avez envie de jouer les coloristes en herbe, commencez avec les pétunias. Leur palette de variétés est la plus nuancée des fleurs d'été.

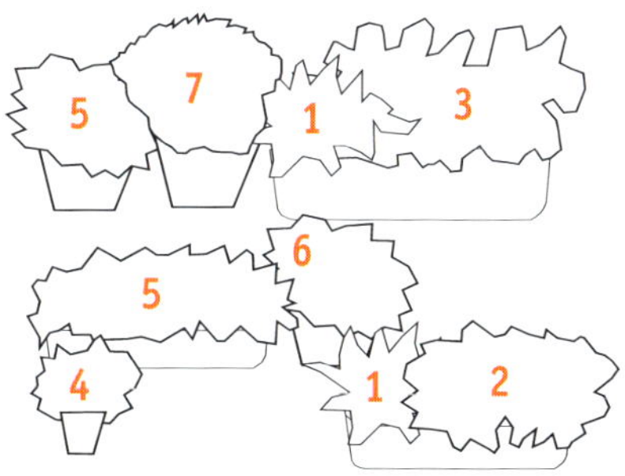

Vos achats

1 Pétunia retombant rose à cœur violet *3 plants*
2 Pétunia retombant rouge foncé *1 plant*
3 Pétunia retombant rose pâle *1 plant*
4 Pétunia en mélange de couleurs *3 plants*
5 Pétunia retombant 'Blue Picotee' *3 plants*
6 Géranium-lierre bicolore 'Rouletta' *1 plant*
7 Lobélia *1 plant*
Terreau
Supports métalliques réglables pour accrocher les pots et les jardinières à différents niveaux de la balustrade

Quel pot choisir

Pour obtenir une floraison abondante et éviter des arrosages répétitifs, prévoyez des pots et des jardinières d'une bonne profondeur (25 à 30 cm). Terre cuite, bois, plastique... tous les matériaux conviennent. Ils seront en partie masqués par la végétation retombante des plantes.

La plantation

Fin avril à fin mai. Soleil ou mi-ombre. Laissez un espace d'environ 25 cm entre les pétunias afin d'obtenir un développement optimum.

L'entretien

Nettoyez les fleurs fanées. Apportez régulièrement un engrais soluble « plantes fleuries », jusqu'au début août.

▶ L'évolution du décor

Les floraisons restent éblouissantes durant tout l'été puis elles commencent à décliner en septembre-octobre.

Le choc des couleurs : l'union osée du lobélia retombant violet ('Regatta Midnight Blue') avec la verveine cascade rouge sang (Temari 'Patio Red') est ici allégée par la blancheur du surfinia et de la fenêtre en arrière-plan. Lorsque vous doutez du choix de vos couleurs, n'oubliez jamais de glisser quelques fleurs blanches ou un feuillage argenté dans votre composition.

Géranium en toile de fond

Généreux, spectaculaires, résistants, les géraniums ont plutôt l'habitude d'être les têtes d'affiche de nos jardinières. Pour changer et sans les dévaloriser, les voici au second plan, en parfait accord avec d'autres floraisons tout aussi méritantes.

FLORAISON : DE JUILLET À OCTOBRE

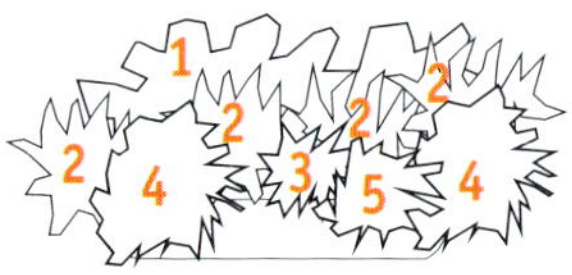

Vos achats

1 Géranium zonale rouge	*4 plants*
2 Pétunia rouge à bord blanc 'Hulahoop'	*4 plants*
3 Impatiens 'Explore Coral Blush'	*1 plant*
4 Fuchsia semi-retombant rose et blanc	*2 plants*
5 Lobélia cascade à fleurs blanches	*2 plants*
Terreau « géranium »	

Les variétés citées peuvent être remplacées par d'autres de la même couleur. Attention, seuls les géraniums zonales (port dressé) conviennent dans cette composition.

Quel pot choisir

Jardinière. L : 70 cm, l : 22 cm, P : 25 cm. Matériaux et couleurs au choix, les plantes retombant sur la façade masquent tout.

La plantation

Début mai. Soleil et mi-ombre. Répartissez les géraniums tous les 20 cm. Intercalez les pétunias et l'impatiens au centre. Plantez sur la façade de la jardinière les lobélias et les fuchsias.

L'entretien

Coupez les fleurs fanées des géraniums. Taillez en juillet et en août les tiges des plantes devenant trop envahissantes pour maintenir l'équilibre de la composition.

L'évolution du décor

Plantes saisonnières à floraison de très longue durée. S'il ne gèle pas sur votre balcon, les géraniums peuvent s'épanouir jusqu'en décembre et passer l'hiver en place.

1 Vérifiez les trous d'écoulement au fond de la jardinière. Étalez ensuite des billes d'argile (sur 2 cm d'épaisseur) et recouvrez d'un feutre de drainage.

2 Remplissez la jardinière avec du terreau. S'il vous semble un peu collant, mélangez-y quelques poignées de billes d'argile de petit calibre. Incorporez un engrais « géranium » à libération progressive.

3 Les petits plants en godet craignent le froid. Il vaut mieux attendre que les risques de gel soient complètement écartés pour les mettre en place. Sortez les mottes délicatement en évitant de les émietter.

4 Tassez bien la terre puis arrosez doucement au goulot au pied de chaque plant. La motte doit être enterrée complètement jusqu'à la base des tiges.

Géranium et petites potées

Tout le monde peut réussir une belle vasque de géranium, généreuse et couverte de fleurs tout l'été. Vous achetez un plant costaud, vous le dopez aux engrais et le tour est joué. Mais s'il n'est pas joliment accompagné, à quoi sert ce grand géranium empoté ?

FLORAISON : DE JUIN-JUILLET À OCTOBRE

Vos achats

1 Géranium zonale à fleurs simples roses	*1 plant*
2 Géranium zonale à fleurs doubles rouges	*3 plants*
3 Origan doré	*1 plant*
4 *Sempervivum*	*3 plants*
5 Géranium zonale à fleurs simples rouges	*1 plant*
6 Petites plantes de rocaille en mélange	*6 plants*
7 Pétunia rose	*3 plants*
8 *Helichrysum petiolare* doré	*1 plant*

Terreau, graviers et sable pour les petites plantes de rocaille

Grands pots retournés, caisses peintes

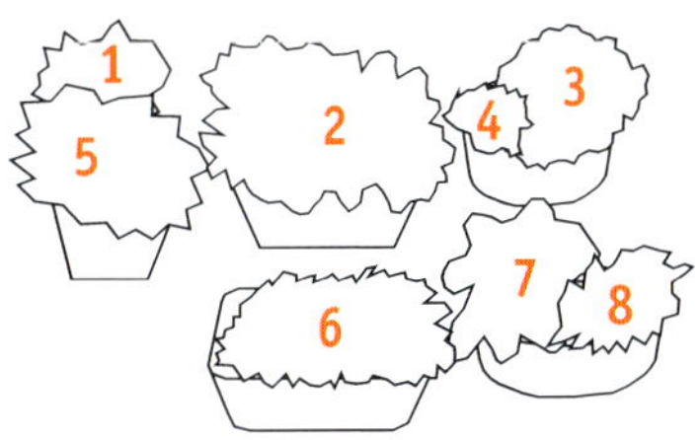

Quel pot choisir

En terre cuite ou en plastique, de formes variées. P : 25 cm. Pour la potée vedette de géranium rouge, P et D : 30 cm. Auge en pierre reconstituée pour les petites plantes de rocaille.

La plantation

Début mai. Soleil. Chaque variété est installée dans des pots individuels. Ceux-ci sont regroupés et surélevés sur des supports de différentes hauteurs pour donner du relief au décor.

L'entretien

Suppression des fleurs fanées. Apports d'engrais jusqu'au mois d'août.

L'évolution du décor

Les petites plantes de rocaille sont vivaces. Les géraniums doivent être remplacés tous les ans ou abrités du gel durant l'hiver.

Un effet arc-en-ciel

Le géranium zonale se prête aux belles associations. Son port érigé et ses lourdes têtes florales méritent d'être soulignés par des floraisons légères et vaporeuses à effet « brouillard ». Affinez votre choix avec des couleurs complémentaires – violet et orangé – qui donneront à votre potée d'étranges reflets acidulés.

FLORAISON : DE JUIN À OCTOBRE

Vos achats

1 Géranium zonale rose foncé	*1 plant*
2 Lobélia retombant 'Saphir'	*5 plants*
3 Mimulus 'Magic Mélange'	*4 plants*
Terreau « géranium » bien drainé	

Achetez des plants fleuris pour être sûr des couleurs. Les mimulus peuvent aussi être achetés en graines (semis à la maison, en mars-avril).

Quel pot choisir

Une forme ronde de préférence. D : 35 cm, P : 30 cm. Terre cuite, plastique, pierre reconstituée...

La plantation

Début mai. Mi-ombre. Installez le géranium au centre en le dépotant délicatement, sans casser la motte. Répartissez les lobélias sur le pourtour du pot. Comblez les espaces libres avec les mimulus.

L'entretien

Éliminez les fleurs fanées du géranium. Faites des apports réguliers d'engrais « plantes fleuries ». Évitez les oublis d'arrosage pour les mimulus.

L'évolution du décor

Épanouissement sans interruption tout l'été. Les géraniums et les lobélias poursuivent leur floraison jusqu'aux premiers froids, les mimulus s'épuisent plus rapidement.

Hissez les géraniums

Sans aucun dopage, tous les géraniums classiques sont capables de prendre des dimensions exceptionnelles pour se lancer à l'assaut d'un mur. Dirigés sur un treillage, ils se comportent comme des plantes grimpantes, avec une durée de floraison incomparable.

IDÉE CONSEIL
Vous pouvez aussi tapisser votre mur en accrochant des pots de géraniums-lierres à différents niveaux sur le treillage. Les hampes fleuries retomberont en cascade au lieu de grimper mais produiront un effet similaire à l'exemple photographié.

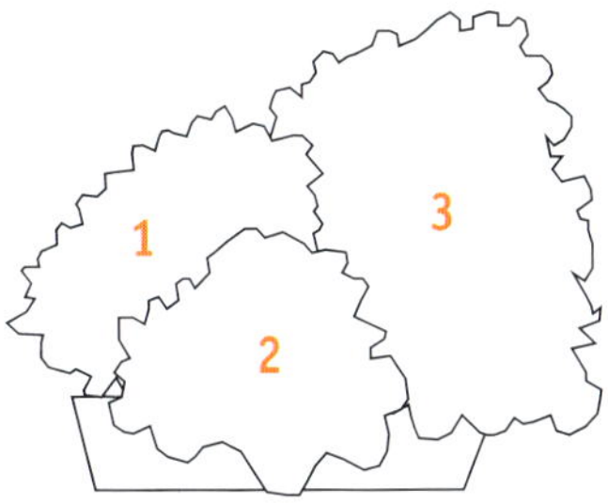

Vos achats

1 Géranium zonale à fleurs doubles rose foncé	*3 plants*
2 Géranium-lierre bicolore 'Rouletta'	*3 plants*
3 Géranium zonale à fleurs doubles rose clair	*3 plants*
Terreau « géranium »	
Treillage extensible en bois ou en bambou	

Quel pot choisir

Les géraniums peuvent se contenter d'une profondeur de 20 cm mais, pour obtenir un développement exceptionnel capable de garnir un treillage, prévoyez des bacs de 35 à 40 cm de côté et de profondeur. Matériau au choix.

La plantation

Fin avril-début mai. Soleil. Ne soyez pas trop pressé si le balcon est situé dans une région froide. Incorporez un engrais à libération progressive dans la terre de plantation. Répartissez les 3 plants en triangle dans chaque bac, à 20 cm les uns des autres.

L'entretien

En juin, taillez les géraniums-lierres pour les inciter à se ramifier. Stimulez la croissance avec des apports d'engrais liquides tous les 15 jours, de juillet à mi-août. Dirigez et attachez les rameaux sur le treillage.

L'évolution du décor

Si le climat est doux ou si le balcon est bien protégé, les géraniums peuvent hiverner sur place avec une petite protection (paille au pied et voile autour du feuillage). Ils atteindront ainsi leur développement optimum (plus de 1 m de hauteur). Dans les régions froides, les géraniums devront être rentrés sous abri hors gel ou remplacés tous les ans.

Les géraniums-lierres et les verveines retombantes (types Babylon et Tapien) s'harmonisent à merveille dans les paniers suspendus. Ces expansifs s'épanouissent avec splendeur sans se faire de l'ombre.

Balcon de senteurs

FLORAISON ET FEUILLAGE : DE JUIN À SEPTEMBRE

Comme le jardin, le balcon évolue vers un certain art de vivre. Les grandes exhibitions florales sont en perte de vitesse. La tendance est actuellement aux ambiances relaxantes, avec des plantes sensuelles et aromatiques pour parfumer les soirées d'été.

Vos achats

1 Géranium-lierre à fleurs rouges *4 plants*
2 Géranium zonale à fleurs blanches *3 plants*
3 *Plectranthus* 'Marginatus' *1 plant*
4 Héliotrope 'Marina' *1 plant*
5 Belle-de-nuit (*Mirabilis jalapa*) *5 bulbes*
6 Diascia *1 plant*
7 *Helichrysum angustifolium* ou *italicum* (plante curry) *1 plant*
8 Verveine-citronnelle (*Lippia citriodora*) *1 plant*
9 Héliotrope 'White Lady' *1 plant*
10 Origan (marjolaine vivace) *1 plant*
11 Thym serpolet *1 plant*
12 *Carex* 'Evergold' *1 plant*
13 *Gaura* 'Siskiyou Pink' *1 plant*
Terreau, sable et graviers

Quel pot choisir

La teinte chaleureuse de la terre cuite est en accord parfait avec les plantes estivales et les herbes aromatiques méditerranéennes. Profondeur moyenne : 25 à 30 cm.

La plantation

Mi-avril à début mai. Soleil. Enterrez les bulbes de belles-de-nuit à 20 cm de profondeur, en les espaçant de 15 cm, dans un pot de 40 cm de diamètre. Installez les autres plantes dans des pots individuels (aromatiques) ou dans des jardinières (géraniums).

L'entretien

Pincez les pousses d'extrémité de l'origan, de la verveine et des héliotropes pour obtenir des plantes plus compactes. Tuteurez les belles-de-nuit et les héliotropes.

L'évolution du décor

Les belles-de-nuit offrent 3 mois de floraison en continu. Les fleurs s'ouvrent en fin d'après-midi en répandant un délicieux parfum fruité. Toutes ces plantes, y compris les aromatiques, doivent hiverner à l'abri du gel.

ZOOM

Les héliotropes : le blanc ('White Lady') répand de douces senteurs de vanille. Il est nettement plus parfumé que le bleu foncé ('Marina'). En octobre, vous pourrez rentrer les héliotropes dans une véranda ou une pièce lumineuse où ils continueront de s'épanouir jusqu'en plein hiver.

Parfum de lis

FLORAISON : JUILLET

La floraison des lis est si majestueuse qu'on l'imagine volontiers capricieuse et difficile. Leur culture en pot est pourtant toujours couronnée de succès : il suffit de les regarder pousser. Depuis la naissance des longues tiges qui se hissent avec élégance comme des pousses de bambou jusqu'à l'éclosion des fleurs délicieusement parfumées, ils ne vous décevront à aucun moment.

Vos achats

1 Lis 'Memory'	*3 bulbes*
2 *Helichrysum petiolare* doré	*2 plants*
3 Diascia	*6 plants*

Mélange de terreau, tourbe et terre de bruyère bien drainé

Plantez les lis très rapidement après l'achat.

Quel pot choisir

Une belle vasque profonde (30 cm) permet aux lis de s'enraciner durablement. Ils pourront y séjourner sans problème durant 3 ou 4 ans.

La plantation

Avril-mai. Soleil. Espacez les bulbes de 15 cm les uns des autres. Profondeur de plantation : environ 10 cm. Disposez les hélichrysums sur les bords du pot.

L'entretien

Surveillez les petits insectes rouges qui dévorent les feuilles des lis (criocères). S'ils sont peu nombreux, attrapez-les à la main et écrasez-les. Sinon, traitez avec une poudre insecticide à base de roténone (à utiliser le soir, la lumière rendant peu efficace le produit). Tuteurez discrètement les tiges.

IDÉE CONSEIL

Collectionnez les lis : ils se prêtent à merveille à la culture en pot. Choisissez 2 ou 3 espèces différentes et échelonnez les dates de plantation en avril et mai. Vous profiterez ainsi d'une plus longue période de floraison, jusqu'en août. De gauche à droite, lis royal (en boutons), lis asiatiques 'Roma Blanc' et 'Chianti Rose'. Au premier plan, en feuillage d'accompagnement : *Heuchera micrantha*.

L'évolution du décor

Vous profiterez du parfum de vos fleurs de lis durant 3 semaines environ. Après la floraison, continuez d'arroser et faites quelques apports d'engrais « bulbes » jusqu'au mois d'août. Coupez les tiges desséchées en automne et mettez la potée à l'abri du froid, sous un plastique à bulles, durant l'hiver.

Composition pour non-fumeurs

Le tabac prisé des amateurs de plantes parfumées ne se fume pas, mais présente beaucoup d'autres attraits. Il se prête à merveille à la culture en pot et s'épanouit en petites trompettes odorantes durant tout l'été. Les variétés de couleur permettent d'imaginer d'élégantes associations monochromes.

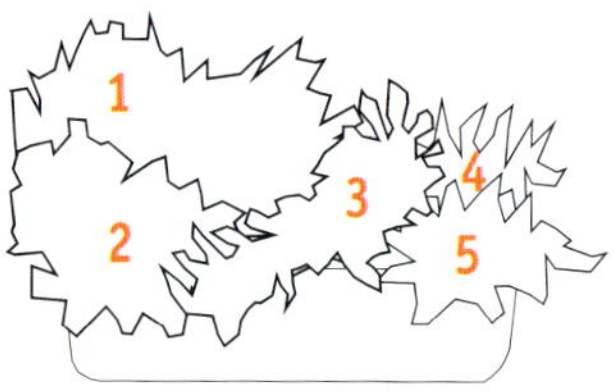

Vos achats

1 Tabac d'ornement rose (*Nicotiana affinis*)	*4 plants*
2 Poirée ornementale (*Beta* 'Bull's Blood')	*2 plants*
3 Verveine (*Verbena* 'Novalis')	*3 plants*
4 Géranium zonale	*1 plant*
5 Pétunia rose	*5 plants*
Terreau	

Choisissez les tabacs en plants fleuris et sentez-les car les parfums sont parfois inexistants chez certaines variétés.

Quel pot choisir

Une jardinière classique ou un bac de plantation réalisé en briques (comme sur notre photo). L : 80 cm, l : 40 cm, P : 30 cm.

La plantation

Mai. Soleil ou mi-ombre. Laissez passer les risques de gelées tardives. Disposez les plants par taches de couleur, en patchwork.

L'entretien

Surveillez régulièrement les attaques de pucerons qui peuvent être vecteurs de maladies.

L'évolution du décor

Ces plantes annuelles s'épanouissent sans interruption jusqu'en fin d'été. Elles atteignent en moyenne 30 à 50 cm de hauteur.

ZOOM

Tabac et datura : vous pouvez compter sur ce duo de choc pour embaumer vos nuits d'été. Le tabac à fleurs blanches (*Nicotiana sylvestris*) et le datura (*Brugmansia* 'Grand Marnier') doivent être réunis dans un bac confortable (P : 40 cm au minimum). Ces deux grandes plantes atteignent 1,50 m de hauteur en moyenne et doivent hiverner à l'abri du gel.

Des roses parfumées tout l'été

FLORAISON : DE JUIN À OCTOBRE

Il existe des milliers de variétés de rosiers et autant de risques de succomber à leurs fleurs ravissantes. Sur un balcon, dites-vous que vous n'avez pas le droit à l'erreur. Il vous faut un rosier parfumé, c'est évident. Mais aussi une floraison vraiment remontante avec une végétation souple et buissonnante. Dans ce créneau, le choix est déjà beaucoup plus restreint.

Vos achats

1 Rosier tige 'Ballerina'	*2 plants en conteneur*
2 Rosier arbustif 'Ballerina'	*2 plants en conteneur*
3 Rosier arbustif 'Maria Lisa'	*1 plant en conteneur*
Terreau « rosiers »	
Tuteurs pour les rosiers tiges	

Vous pouvez acheter vos rosiers en fleur et plonger votre nez au cœur des corolles pour choisir votre parfum préféré.

Quel pot choisir

Uniquement des grands volumes. D et P : 40 cm au minimum.

La plantation

Octobre à mars ou en mai-juin (en conteneur). Soleil. Installez un seul rosier par pot. En garniture au pied des rosiers tiges vous pouvez planter : bacopas, campanules des murailles, lierre, népéta...

L'entretien

Faites des apports réguliers d'engrais « rosiers ». En hiver, enveloppez les pots dans du plastique à bulles. Taillez tous les ans fin février les variétés remontantes ('Ballerina') et après la floraison (en août) les variétés non remontantes comme 'Maria Lisa'.

L'évolution du décor

Les rosiers 'Ballerina' fleurissent sans relâche tout l'été et en automne. 'Maria Lisa' est surtout spectaculaire en juin-juillet. En automne, les deux variétés portent de jolis fruits décoratifs. Feuillage caduc. Bien entretenus, ces rosiers vous raviront durant 4 à 5 ans au minimum.

Le bon réflexe : si une pousse rigide et vigoureuse se développe au pied de votre rosier tige, supprimez-la radicalement au ras des racines. Il s'agit d'un « gourmand » qui ne fera qu'épuiser votre rosier sans donner de belles fleurs.

Un potager au balcon

RÉCOLTE : DE JUILLET À OCTOBRE

Menu du jour : salade de tomates « du jardin » au basilic et petits farcis de courgettes à la fleur de thym ! Vous habitez au 19e étage et vous venez de faire vos cueillettes quelques minutes avant de mettre le couvert. Vos invités ont un sourire sceptique ? Ouvrez-leur votre balcon-potager !

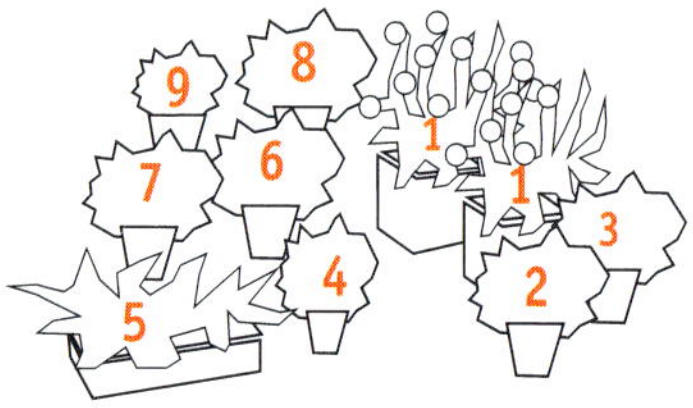

Vos achats

1 Tomates en grappes	*2 plants*
2 Courgette 'Ronde de Nice'	*1 plant*
3 Verveine-citronnelle (*Lippia citriodora*)	*1 plant*
4 Basilic 'Grand Vert'	*1 plant*
5 Ciboulette	*3 plants*
6 Thym serpolet	*1 plant*
7 Persil à feuilles plates	*2 plants*
8 Origan ou marjolaine	*1 plant*
9 Menthe retombante	*1 plant*

Mélange terreau et tourbe, bien drainé
Engrais « tomates »
2 tuteurs d'environ 1,20 m de hauteur

Quel pot choisir

Poteries en terre cuite. D : 20 à 30 cm pour les plantes aromatiques et les courgettes. Bacs en pierre reconstituée. P : 37 cm pour les tomates.

La plantation

Avril-mai. Soleil. Les tomates, les courgettes et le basilic sont sensibles au froid. Pensez à les abriter sous une housse en plastique transparent jusqu'à la mi-mai. Installez les tuteurs en même temps que les plants de tomates. Disposez les pots d'herbes aromatiques sur une étagère métallique, à portée de main.

L'entretien

Placez des pièges à mouches blanches (aleurodes) en prévention, dès le mois de mai, au pied des tomates et des courgettes. Taillez les tomates grappes pour ne conserver qu'une seule tige principale que vous dirigerez sur le tuteur.

L'évolution du décor

Arrachez les tomates, les courgettes et le basilic en fin de saison. Conservez les potées d'herbes aromatiques en les protégeant sous un voile ou du plastique à bulles pendant l'hiver.

Bien tailler les tomates : conservez une ou deux tiges principales puis coupez les pousses secondaires qui se développent à la base des feuilles. Le but est de limiter l'excès de feuillage pour dégager les grappes de tomates et mieux les exposer au soleil.

Jardinière de légumes

La recette de cette jardinière de légumes est moins traditionnelle que celle de votre livre de cuisine préféré mais elle ne manque pas de vitamines ! Salades, fines herbes et tomates cerises, toutes ces saveurs du potager s'apprivoisent sans difficulté sur un balcon.

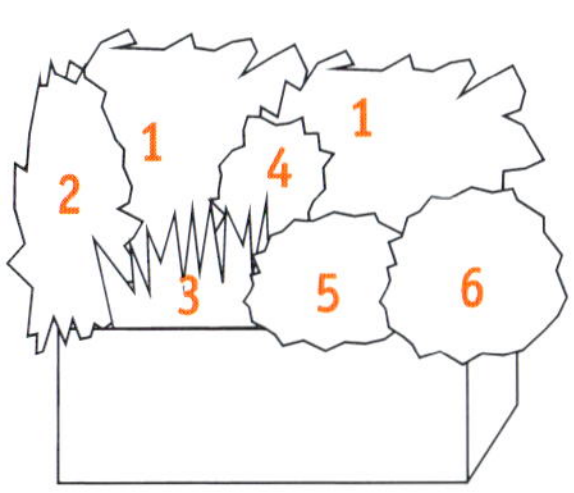

Vos achats

1 Tomate cerise	*2 plants*
2 Poivron F1 'Redskin'	*2 plants*
3 Ciboulette	*1 plant*
4 Basilic	*1 plant*
5 Laitue 'Bowl Verte'	*1 plant*
6 Laitue 'Bowl Rouge'	*1 plant*

Mélange terreau et tourbe brune enrichi avec un engrais organique complet
Treillage (H : 1,20 m) pour les tomates
Granulés rétenteurs d'eau

Quel pot choisir

Cette jardinière en bois peut être fabriquée en assemblant des planches de 3 cm d'épaisseur sur 4 tasseaux de 7 cm de côté (aux angles). L : 1,20 m, l : 45 cm, P : 40 cm.

La plantation

Début mai. Soleil. Fixez solidement le treillage avant de planter les tomates. Étalez des billes d'argile au fond de la jardinière. Couvrez la surface du terreau avec de la paillette de lin. Placez des pièges antilimaces remplis de bière au pied des salades.

L'entretien

Dirigez et attachez les branches des tomates sur le treillage. À partir du mois de juin puis tout l'été, taillez régulièrement les pousses secondaires. Surveillez les attaques d'araignées rouges et de pucerons.

L'évolution du décor

Les premières tomates cerises rougiront à partir du mois d'août. Les laitues 'Bowl' sont des salades à couper. Cueillez les feuilles au fur et à mesure de vos besoins, de juillet à fin août. Récoltez les poivrons d'août à octobre. Fin octobre, arrachez tout.

Le show de l'artichaut

FLORAISON : JUIN-JUILLET ET SEPTEMBRE
RÉCOLTE : JUILLET-AOÛT

Cultiver un artichaut sur un balcon est peut-être une idée absurde aux yeux des producteurs bretons. Et pourtant, même si elle ne vous donne qu'une ou deux têtes, cette belle plante au feuillage bien dessiné ne vous décevra jamais. Surtout si vous soulignez ses reflets argentés de fleurs bleu ciel, comme celles des népétas.

Potager miniature : assemblez 4 planches en bois traité. Doublez le fond et les parois d'un film en plastique noir. Remplissez de terreau. Semez en rangs serrés persil, radis, carotte courte, haricot vert, fève… Arrosez régulièrement mais sans excès. Récoltez tout au long de l'été.

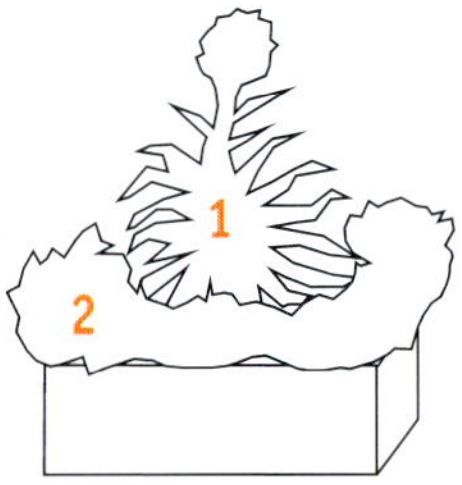

Vos achats

1 Artichaut *2 plants (œilletons ou godet)*
2 *Nepeta mussinii* *9 plants*
Terreau bien drainé, engrais organique

Pour les artichauts, la variété 'Gros Vert de Laon' est la plus résistante au froid, 'Violet de Provence' est conseillée si le balcon est bien exposé.

Quel pot choisir

Tout contenant d'environ 40 cm de profondeur. Ici, un bac en zinc de 50 cm x 50 cm, réalisé par un artisan ferronnier.

La plantation

Avril. Soleil. Espacez les 2 plants d'artichauts de 5 cm l'un de l'autre, au centre du bac. Tassez fortement et arrosez copieusement pour assurer la reprise. Disposez tout autour les népétas, tous les 20 cm.

L'entretien

Surveillez les pucerons. Arrosez régulièrement les artichauts. Supprimez les fleurs fanées des népétas au mois d'août, pour les voir refleurir en septembre. En hiver, coupez entièrement les tiges ayant porté des artichauts et éclaircissez le feuillage. Liez l'ensemble et enveloppez sous un voile d'hivernage en plusieurs épaisseurs.

L'évolution du décor

Dès le mois de mai, le feuillage des artichauts commence à prendre de l'ampleur. Il atteindra plus de 1 m de hauteur au cours de l'été, au moment où se forment les têtes. Au choix, on peut les récolter ou laisser leurs belles fleurs bleues s'épanouir. Les népétas sont vivaces et très résistants. Ce décor peut rester en place durant 3 ans environ.

Minitomates et basilic

Un rebord de fenêtre exposé au soleil suffit à cultiver les saveurs les plus parfumées de l'été. Les nouvelles variétés de tomates naines se contentent d'un simple pot de fleurs. Quant au basilic, plus on le coupe pour le récolter, plus il devient touffu et verdoyant.

RÉCOLTE : DE JUILLET À SEPTEMBRE

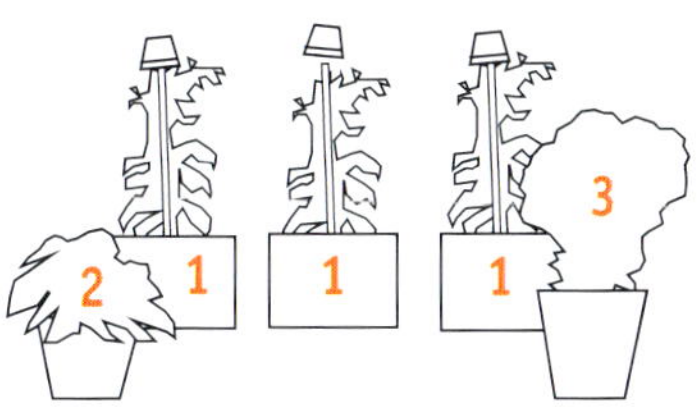

Vos achats

1 Tomate naine F1 'Tumbler'	*3 plants*
2 Basilic 'Feuille de Laitue'	*1 plant ou graines*
3 Basilic 'Grand Vert'	*1 plant*
Mélange terreau et tourbe brune bien drainé	
Petits tuteurs en bambou (30 cm) pour les tomates	

Ne pas confondre tomates naines (H : 40 cm) et tomates cerises (H : 1 à 1,50 m).

Quel pot choisir

En terre cuite ou en plastique. P : 20 à 25 cm. Cache-pot métalliques jaunes.

La plantation

Mi-mai. Soleil. Attendez que les risques de coups de froid (vers les saints de glace) soient passés ou protégez les plants sous un voile en plastique. Mélangez des granulés d'engrais à action progressive dans le terreau de plantation.

L'entretien

Surveillez les attaques de pucerons et de mouches blanches sur les tomates. Ces variétés naines n'ont presque pas besoin d'être taillées. Maintenez la tige principale sur un tuteur pour éviter la casse en cas de vent. Un petit pot retourné sur le tuteur évitera les risques de blessures. Pincez les extrémités des pousses du basilic pour ne pas le laisser faire de fleurs. Sinon, il se dessèche très rapidement.

▶ L'évolution du décor

Les tomates naines – légèrement plus grosses que les tomates cerises – se récoltent de fin juillet à septembre. Cueillez le basilic en le coupant avec des ciseaux, en épointant les pousses terminales, de juin à octobre. Ce décor peut être remplacé en automne par des choux d'ornement et des plantes aromatiques vivaces (sauge, thym...).

Méli-mélo de potées

FLORAISON : DE JUILLET À OCTOBRE

Faire la sieste à l'ombre des lantanas en fleur est un des privilèges offerts par un balcon bien exposé. Les plantes installées dans des pots individuels peuvent naviguer aisément. Il suffit de les déplacer au gré des floraisons ou de vos besoins d'intimité pour faire évoluer le décor.

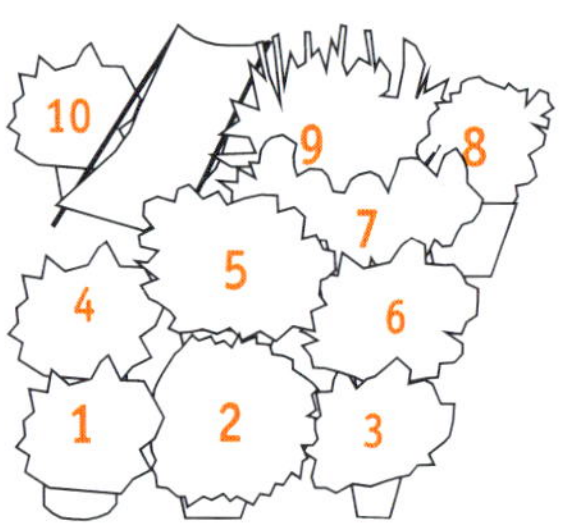

Vos achats

1 Impatiens à fleurs doubles roses	*1 plant*
2 Lantana à feuilles panachées	*1 plant*
3 Ostéospermum blanc (*Dimorphotheca*)	*1 plant*
4 Anthémis (*Argyranthemum frutescens*)	*1 plant*
5 *Lantana camara*	*1 plant*
6 Ostéospermum hybride (*Dimorphotheca*)	*1 plant*
7 *Phlox paniculata*	*3 plants*
8 *Abutilon pictum* 'Thomsonii'	*1 plant*
9 *Lythrum salicaria*	*2 plants*
10 Gazania hybride	*1 plant*
Terreau bien drainé	
Caillebotis en bois peint	

Quel pot choisir

En terre cuite ou en plastique épais, à réserve d'eau, d'environ 30 cm de diamètre et de profondeur. Au soleil, évitez les contenants plus petits dans lesquels la terre se dessèche très rapidement.

La plantation

Mai. Soleil. Répartissez les potées en fonction de la hauteur des plantes, les plus hautes étant situées à l'arrière-plan du décor. Placez l'impatiens à l'ombre des autres plantes.

L'entretien

Surveillez les attaques d'araignées rouges et de mouches blanches ; ces parasites sont fréquents sur les balcons exposés au soleil. Pincez les lantanas pour étoffer la végétation.

L'évolution du décor

Toutes ces plantes vivaces s'épanouissent tout au long de l'été mais disparaissent dès l'arrivée des premiers froids. Si vous possédez un jardin d'hiver ou un patio à l'abri du gel, vous pourrez les conserver d'une année sur l'autre. Le phlox et le lythrum sont rustiques. Ils peuvent passer l'hiver sur le balcon.

L'esprit farniente : il suffit de peindre en bleu le caillebotis et d'installer une chaise longue au milieu des potées fleuries pour donner le ton. Sur ce grand balcon ensoleillé, les lattes en bois qui habillent le sol ont été clouées sur des planches épaisses pour réaliser trois paliers légèrement surélevés. On obtient ainsi un effet de relief qui permet de mettre en valeur les potées placées en arrière-plan.

Variations avec pétunias

FLORAISON : DE JUIN À SEPTEMBRE

Un bel assortiment de couleurs peut vous aider à créer une ambiance en harmonie avec votre style de vie. Pour une atmosphère douce et rafraîchissante, partez d'une belle potée de pétunias retombants blancs. Mariez-la à des floraisons pastel, à dominante rose pâle ou saumon.

Le rouge sombre et le blanc pur des pétunias retombants (surfinias) se mettent mutuellement en valeur. On obtient ici une ambiance généreuse, contrastée et attirante, mais moins reposante que l'association aux tonalités pastel photographiée à gauche.

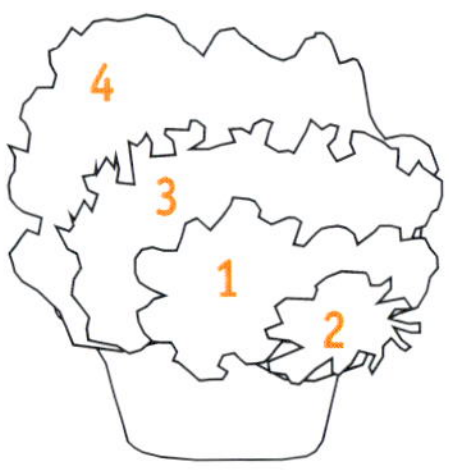

Vos achats

1 Pétunia retombant blanc	*1 plant*
2 *Helichrysum petiolare* argenté	*1 plant*
3 Ostéospermum saumon (*Dimorphotheca*)	*2 plants*
4 Tabac d'ornement rose saumon (*Nicotiana alata*)	*5 plants*
Terreau	

Quel pot choisir

Une vasque ronde. D et P : 35 à 40 cm. Pour les tabacs, jardinière. L : 1 m, l et P : 25 cm.

La plantation

Mi-mai. Soleil. Alternez les plants prévus pour la potée ronde de manière à obtenir un mélange naturel des floraisons. Les tabacs sont alignés dans la jardinière, tous les 25 cm, pour former un fond coloré.

L'entretien

Surveillez les attaques de pucerons. Arrosez au pied des plantes pour ne pas abîmer ces fleurs délicates.

▶ L'évolution du décor

Ces floraisons estivales sont très durables mais déclinent à l'arrivée des premières fraîcheurs automnales. Après avoir changé la terre des pots, vous pourrez aussitôt replanter des bulbes et des fleurs bisannuelles pour le printemps suivant.

Roses d'Inde et compagnie

Où sont passées les grandes roses d'Inde d'antan ? On ne trouve plus aujourd'hui que des variétés naines, au port raide et aux couleurs très tranchées, jaune citron ou orange vif. Cependant, comme elles se comportent très bien en pot, il serait dommage de s'en priver. Il suffit de les placer en bonne compagnie pour qu'elles redeviennent plus décontractées.

FLORAISON : DE JUIN À OCTOBRE

Vos achats

1 Rose d'Inde jaune *3 plants*
2 Pétunia retombant mauve pâle *3 plants*
3 Calcéolaire 'Bouquet d'Or' *3 plants*
4 Cinéraire maritime 'Silver Dust' *2 plants*
5 Géranium zonale blanc *1 plant*
6 *Nierembergia* 'Mont Blanc' *3 plants*
Terreau, sable ou petits graviers

Quel pot choisir

Terre cuite. D et P : 35 à 40 cm.

La plantation

Mai. Soleil. Installez les roses d'Inde au centre de chaque pot et répartissez les autres fleurs sur le pourtour en alternant les espèces à port dressé et les retombantes. Versez une poignée de sable ou de graviers au fond du trou de plantation des nierembergias, ces plantes craignant les excès d'humidité.

L'entretien

Pincez les roses d'Inde en juin pour obtenir une végétation plus ramifiée. Surveillez les attaques de pucerons et de mouches blanches.

L'évolution du décor

Chaque plante doit trouver sa place dans la potée et ne pas se laisser étouffer par les voisines. Au cours de l'été, taillez éventuellement les plus envahissantes pour équilibrer les volumes. En septembre-octobre, après une floraison estivale ininterrompue, ce décor peut être remplacé sans regret.

*Si vous aimez les teintes vives, les contrastes, les fleurs rouges, il faut espérer que votre fenêtre ou votre balcon soient ensoleillés. La lumière leur donne de l'éclat, tandis qu'à l'ombre, elles paraissent beaucoup plus ternes. Pour aller jusqu'au bout de vos envies, n'hésitez à peindre la rambarde pour en associer la couleur à celle de vos contenants. Un duo insolite, dans un pot peint en mauve : canna rouge et sauge (*Salvia coccinea*).*

L'union fait la force

FLORAISON : DE JUIN À OCTOBRE

Sur votre balcon comme dans un jardin, le regroupement des plantes crée toujours un effet gagnant. Les volumes prennent de l'ampleur, les silhouettes se répondent et le contraste des couleurs égaie ce décor végétal. Autre avantage, les feuillages supportent mieux les assauts du soleil et se rafraîchissent mutuellement.

Vos achats

1 Surfinia ou pétunia retombant violet	*1 plant*
2 Surfinia ou pétunia retombant rose foncé	*1 plant*
3 Lobélia retombant violet à cœur blanc	*3 plants*
4 Géranium zonale rouge	*1 plant*
5 Anthémis à fleurs jaunes *(Argyranthemum frutescens)*	*1 plant*
Terreau	

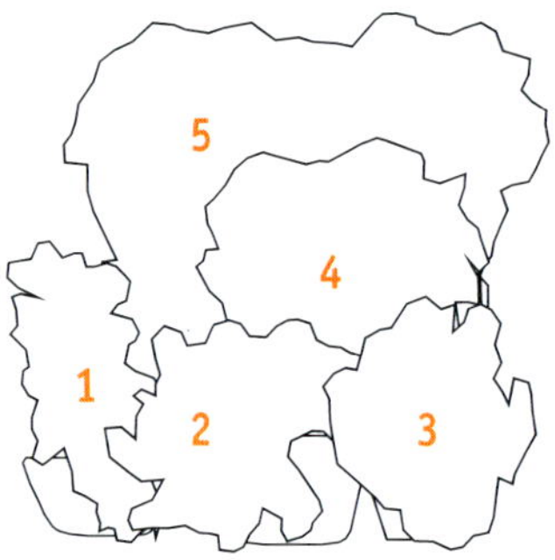

Quel pot choisir

En terre cuite ou en plastique, à réserve d'eau de grand volume pour mieux maintenir la fraîcheur du terreau. P et D : 30 à 40 cm.

La plantation

Mai. Soleil. Installez l'anthémis seule dans son pot. Autour du géranium, placez le surfinia et le lobélia. Orientez ce dernier pour qu'il se trouve à l'ombre des autres plantes.

L'entretien

Il est indispensable de pincer les pousses d'extrémité de l'anthémis en mai-juin. Cela retarde un peu la floraison, par rapport aux autres plantes, mais c'est le seul moyen pour obtenir un buisson compact et bien ramifié.

L'évolution du décor

Ces fleurs saisonnières s'épanouissent tout l'été et en automne, sans interruption jusqu'aux premiers froids. Pour conserver l'anthémis, taillez-la assez sévèrement après la floraison et rentrez-la sous un abri hors gel.

Ambiance méditerranéenne

Cultiver l'art d'être en vacances sur un coin de balcon est à la portée de tous, quelle que soit votre région. Plumbago, laurier-rose, lilas des Indes... beaucoup d'arbustes méditerranéens en potées fleuries sont proposés dans toutes les jardineries dès le début de l'été. Ainsi, couleurs et parfums sont toujours au rendez-vous.

FLORAISON : DE JUIN À SEPTEMBRE

Vos achats

1 Laurier-rose nain	*1 plant*
2 Palmier chanvre (*Trachycarpus fortunei*)	*1 plant*
3 Plumbago du Cap	*1 plant*
4 Lilas des Indes (*Lagerstroemia indica*)	*1 plant*
Terreau bien drainé	

Choisissez des plants en conteneur. Le plumbago du Cap est en général dirigé sur un support grillagé ou sur un tuteur.

Quel pot choisir

Si vos plantations sont prévues pour plusieurs années, investissez dans des pots en terre cuite ou en plastique (imitation terre cuite) de grand volume. Les racines seront davantage protégées du gel et les potées résisteront mieux à l'emprise du vent. P et D : 40 cm.

La plantation

Fin mai-début juin. Soleil. Ne laissez pas les plantes dans leur pot d'origine, souvent trop étroit. Prévoyez un bon drainage de billes d'argile au fond des pots.

L'entretien

Taillez le lilas des Indes et le plumbago après la floraison. À partir d'octobre, protégez les plantes du froid. Enrobez-les avec des voiles d'hivernage et du plastique à bulles, ou mieux rentrez-les dans une véranda non chauffée. Les arbustes méditerranéens résistent au froid jusqu'à environ - 5 à - 8 °C.

▶ L'évolution du décor

La floraison est superbe et se poursuit durant tout l'été. Peu d'arbustes offrent une telle profusion de couleurs à cette époque de l'année. Selon le climat, l'exposition du balcon et les protections mises en place, ils sont susceptibles de s'épanouir durant de nombreuses années.

Une fenêtre au nord

Déjà, votre enthousiasme de jardinier (ou jardinière) se glace : au nord, l'ombre et le froid ne doivent pas favoriser les floraisons ! Pourtant, une fenêtre ombragée offre beaucoup d'avantages. Les arrosages sont plus espacés qu'au soleil, les plantes supportent mieux les grosses chaleurs estivales et les espèces préconisées sont toutes plus ravissantes les unes que les autres.

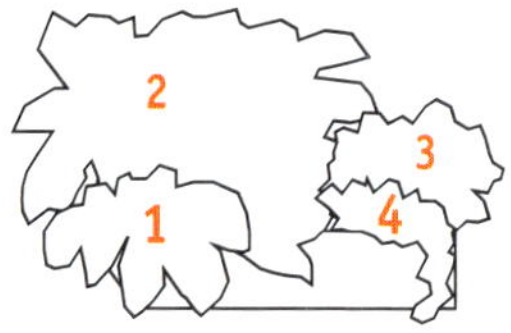

Vos achats

1 *Plectranthus ciliatus*	*1 plant*
2 Bégonia tubéreux 'Extra Double Rouge'	*1 bulbe*
3 Impatiens hybride rose foncé	*1 plant*
4 Lierre à feuilles panachées	*1 plant*
Mélange terre de bruyère et tourbe	

Achetez le bulbe de bégonia tubéreux en février-mars ou le plant fleuri à partir du mois de mai.

FLORAISON : DE JUIN-JUILLET À OCTOBRE

1 Démarrez les bulbes de bégonia tubéreux en février-mars, à la maison. Plantez-les dans des petits pots d'environ 12 cm de diamètre, dans un mélange de terre de bruyère et de tourbe. N'oubliez pas d'étiqueter le nom de la variété ou la couleur.

2 Mi-mai, les bégonias peuvent être installés dans les jardinières à l'extérieur. Dépotez-les en douceur pour ne pas casser les tiges.

Quel pot choisir

Jardinière en plastique à réserve d'eau. L : 70 cm, l : 28 cm, P : 30 cm.

La plantation

Mai. Ombre. Placez le bégonia tubéreux au centre de la jardinière. Il a besoin d'espace pour prendre toute son ampleur. À chaque extrémité, installez le plectranthus (feuillage velouté argenté) et l'impatiens. Glissez le lierre au premier plan.

L'entretien

Taillez le plectranthus pour ne pas le laisser envahir toute la jardinière. Supprimez les fleurs fanées du bégonia.

▶ L'évolution du décor

Du mois de mai à fin juin, il faut laisser les plantes prendre leurs marques. À partir du mois de juillet, la jardinière atteint sa maturité et reste resplendissante jusqu'en automne. En octobre, le bulbe du bégonia peut être récupéré et conservé dans une cave, à l'abri du gel, jusqu'au printemps prochain.

◀ *Variante pour l'ombre : bégonia tubéreux 'Extra Double Rouge' en compagnie du feuillage argenté de* Helichrysum petiolare *'Silver'.*

La passion des bégonias

Côté cour, vous allez faire des jaloux et des admirateurs. Les bégonias offrent une telle palette de coloris – lumineux, pastel ou vifs – qu'on ne peut résister à l'envie de tous les posséder. Côté jardin, c'est un véritable plaisir de voir grandir ces bulbes faciles à vivre et assez généreux pour offrir 4 à 5 mois de floraison non-stop.

FLORAISON : DE JUIN-JUILLET À OCTOBRE

Vos achats

1 Bégonia tubéreux 'Extra Double Rouge'	*1 bulbe*
2 Bégonia tubéreux 'Flamingo Jaune'	*1 bulbe*
3 Bégonia tubéreux 'Flamingo Rose'	*1 bulbe*
4 Bégonia tubéreux pendula 'Pastel'	*1 bulbe*
5 Bégonia tubéreux 'Extra Double Jaune'	*1 bulbe*

Mélange terre de bruyère et tourbe
Petits pots pour démarrer les bulbes
Étiquettes d'identification des variétés
Supports métalliques à accrocher sur la rambarde du balcon

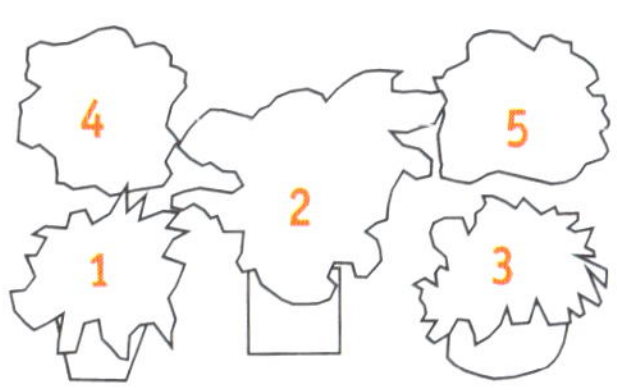

Quel pot choisir

Matériaux et formes au choix. D et P : 20 à 25 cm.

La plantation

Mars, démarrage à la maison. Mi-mai, plantation sur le balcon. Ombre. Une variété par pot. Placez les bégonias à port dressé sur le sol sur une petite sellette. Accrochez les retombants (bégonia pendula) sur la rambarde du balcon. Les bulbes de gros calibre (6 à 7 cm de diamètre) produisent un maximum de fleurs.

L'entretien

Traitez préventivement contre l'oïdium si l'été est frais et pluvieux. Éliminez les fleurs fanées.

L'évolution du décor

Les dernières fleurs s'épanouissent courant octobre. Coupez les tiges et arrachez les bulbes. Nettoyez-les grossièrement puis rangez-les dans une petite caissette sur un lit de tourbe. Laissez-les hiverner dans votre cave jusqu'au printemps suivant.

Cocktail fraîcheur

FLORAISON : DE JUIN À OCTOBRE

Le soleil peu présent sur cette fenêtre n'empêche pas la profusion et le raffinement de cette composition pleine de surprises. Les meilleures fleurs de l'ombre sont ici réunies pour former un délicieux camaïeu rose tendre. Le port retombant du fuchsia et du lierre donne de la souplesse à cette jardinière au style décontracté.

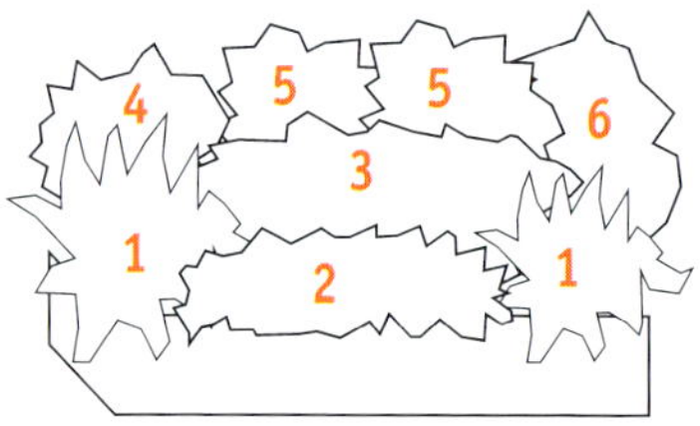

Vos achats

1 Lierre à feuilles panachées	*2 plants*
2 Fuchsia pendula	*2 plants*
3 Impatiens hybride blanc rosé	*3 plants*
4 Pétunia violet	*1 plant*
5 Pétunia rose	*2 plants*
6 Géranium-lierre rose	*1 plant*
Terreau	

Quel pot choisir

Jardinière en bois peint, en terre cuite ou en plastique. L : 80 cm, l : 30 cm, P : 30 cm.

La plantation

Mai. Mi-ombre ou ombre. Disposez en premier les plantes du fond (pétunia, géranium et impatiens). Terminez sur la façade avec les lierres et les fuchsias.

L'entretien

Aucun.

▶ L'évolution du décor

En automne, remplacez cette composition estivale par des floraisons hivernales ou printanières.

Cascade de fuchsias

FLORAISON : DE JUIN À OCTOBRE

Souples et dociles, les fuchsias se laissent facilement tailler en forme de petit arbre miniature portant de gracieuses clochettes roses retombant en cascade. Renforcez cet effet en installant à leur pied des potées de fleurs légères, roses également, qui jailliront comme des éclaboussures.

Une idée en l'air : associez Fuchsia pendula *et* Scaevola *dans un panier suspendu pour animer une fenêtre ou un balcon à l'ombre.*

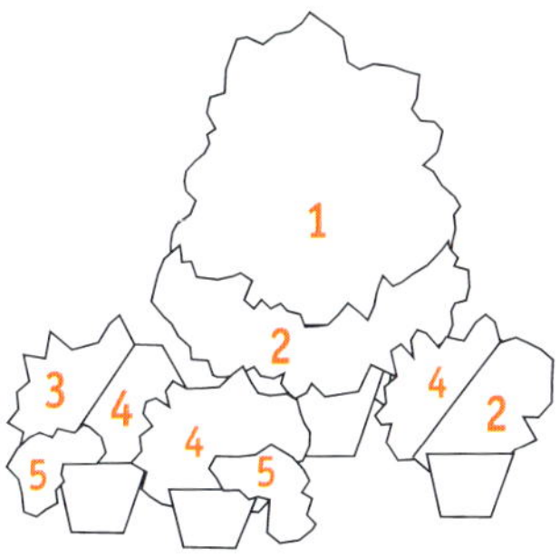

Vos achats

1 Fuchsia conduit sur tige à fleurs roses	*1 plant*
2 *Nemesia strumosa*	*5 plants*
3 Géranium zonale rose	*1 plant*
4 Surfinia ou pétunia retombant rose	*4 plants*
5 Lierre à petites feuilles panachées	*3 plants*
Terreau	

Quel pot choisir

Un bac ou une poterie confortable pour le fuchsia. D et P : 40 cm. Pour les autres fleurs placées autour, 3 pots de taille moyenne. D et P : 25 à 30 cm.

La plantation

Mai. Mi-ombre. Installez le fuchsia au centre du grand pot. Vérifiez la solidité du tuteur. Plantez autour 3 plants de némésia. Répartissez les autres plants fleuris dans les 3 pots d'accompagnement. Il existe de nombreuses variétés de fuchsias formés sur tige, avec une large palette de couleurs et de formes des fleurs.

L'entretien

Surveillez les attaques de pucerons, d'araignées rouges et de mouches blanches. Veillez à ne pas laisser le fuchsia souffrir de la sécheresse. Une exposition ensoleillée le matin ou en fin d'après-midi est possible pour ces plantations.

L'évolution du décor

La plupart des fuchsias proposés en potées fleuries craignent le gel et doivent être rentrés sous abri durant l'hiver (entre 4 et 15 °C). Il existe des fuchsias plus rustiques qui résistent aux petites gelées, mais leur floraison et leur port sont tout à fait différents *(Fuchsia magellanica)*. Les fleurs d'accompagnement (pétunias, némésias...) sont annuelles et déclinent vers septembre-octobre.

Couleurs et feuillages

FLORAISON : DE JUIN À OCTOBRE

Fuchsia et lobélia craignent les coups de soleil. Les deux compères font donc souvent la paire dans les jardinières et les potées des balcons ombragés. Si vous désirez illuminer leur mariage, voici une recette toute simple : choisissez un fuchsia à feuillage doré et associez plusieurs coloris de lobélia.

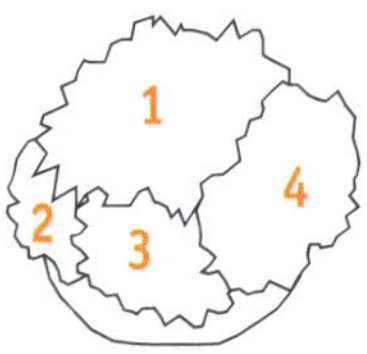

Vos achats

1 Fuchsia 'Génii'	*3 plants*
2 Lobélia cascade 'Fountain Rouge Foncé'	*3 plants*
3 Lobélia cascade 'Fountain Lilas'	*3 plants*
4 Lobélia cascade 'Sapphire'	*3 plants*
Mélange terreau et tourbe	

Quel pot choisir

Bac en bois ou poterie. P : 35 cm.

La plantation

Mai. Mi-ombre. Disposez les plants de fuchsia au centre, espacés de 10 cm. Vous pouvez aussi ne planter qu'un seul plant de gros volume. Répartissez les lobélias sur les bords du pot, par taches de couleur.

L'entretien

Surveillez les attaques de pucerons, d'araignées rouges et de mouches blanches. La végétation du fuchsia 'Génii' est naturellement compacte. Inutile de pincer les tiges.

L'évolution du décor

Sans oublis d'arrosage, cette potée s'épanouit sans discontinuer tout l'été. Le fuchsia 'Génii' est assez rustique et peut passer l'hiver en place sur le balcon. Il faut pour cela en tailler les rameaux à environ 20 cm de hauteur, le couvrir avec de la paille ou un voile d'hivernage et envelopper le pot dans un film plastique à bulles. Les lobélias sont annuels.

Un côté nature

FLORAISON : DE JUIN À OCTOBRE

Le choix des plantes pour l'ombre est beaucoup plus large qu'on ne l'imagine. En plus des fleurs classiques adaptées à cette exposition, les jardineries proposent des arbustes miniatures ou des plantes vivaces en petites potées prêtes à l'emploi. Associés dans une jardinière, ils permettent de réaliser des compositions originales au style naturel.

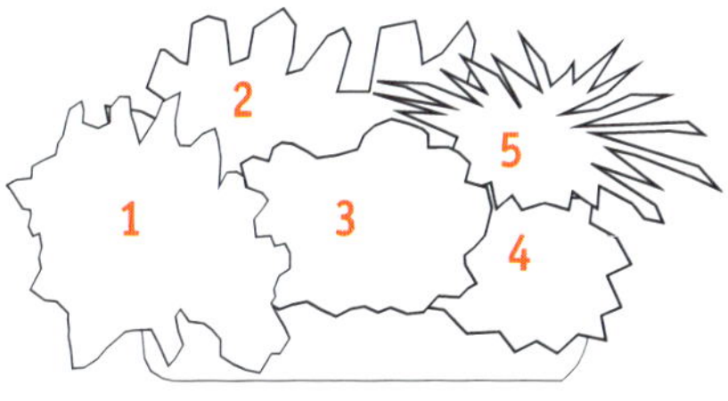

Vos achats

1 Diascia 'Little Dancer'	*1 plant*
2 Choisya 'Goldfinger'	*1 plant*
3 Lobélia 'Blue Star'	*1 plant*
4 *Ajuga reptans* 'Burgundy Glow'	*1 plant*
5 *Acorus gramineus* 'Variegatus'	*1 plant*
Mélange terreau et tourbe	

Quel pot choisir

Jardinière en terre cuite, en bois ou en plastique. L : 60 cm, l : 28 cm, P : 30 cm.

La plantation

Avril-mai. Mi-ombre. Placez le choisya et l'acore à l'arrière-plan de la jardinière. Utilisez le port retombant des autres plantes pour habiller la façade.

L'entretien

Maintenez l'humidité du terreau en permanence. Taillez le choisya s'il prend trop d'importance.

L'évolution du décor

Toutes ces plantes vivaces peuvent rester en permanence dans la jardinière durant 2 ou 3 ans au minimum. Leur feuillage est persistant. Protégez la jardinière entière sous un voile d'hivernage pendant les grands froids. Seul le lobélia (annuel) devra être remplacé.

IDÉE CONSEIL

Les meilleurs lobélias : ces plantes aux fleurs bleu azur sont parfaites pour une exposition ombragée à condition de faire le bon choix. Les lobélias nains manquent de volume et de présence. Les retombants sont plus généreux, légers et pleins de grâce. Pour les mettre en valeur, il suffit de les laisser retomber comme une chevelure, en les plaçant dans une suspension, une jardinière accrochée en hauteur ou un cache-pot en osier tressé.

Un éclat rouge corail

FLORAISON : DE JUILLET À OCTOBRE

Venue d'outre-Manche, la mode des paniers suspendus s'installe sur nos fenêtres et balcons. Puisque nous n'avons pas encore l'expérience de nos voisins, plantons malin. Un seul bulbe de bégonia tubéreux retombant suffit pour réaliser une superbe cascade fleurie durant plus de 4 mois. Élémentaire non ?

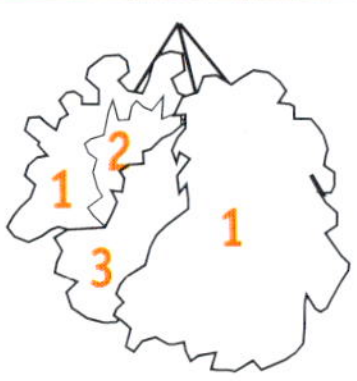

Vos achats

1 Bégonia tubéreux pendula	*1 bulbe*
2 Lobélia cascade	*1 plant*
3 *Glechoma hederacea* 'Variegata'	*1 plant*
Mélange terre de bruyère et tourbe	
Granulés rétenteurs d'eau (conseillés)	
Petite bouteille d'eau minérale	
Crochet ou potence	

Quel pot choisir

Suspension. D : 30 à 35 cm. Au choix, structure métallique doublée d'un feutre isolant, osier, plastique à réserve d'eau…

La plantation

Mai. Mi-ombre ou ombre.

L'entretien

Surveillez les attaques d'oïdium (maladie du blanc). Taillez le lierre terrestre (glechoma) qui a tendance à s'allonger indéfiniment.

L'évolution du décor

Le bulbe de bégonia doit être préalablement démarré à la maison, dans un petit pot de terre de bruyère, au mois de mars. De juillet à septembre, la végétation du bégonia est à son apogée. En octobre, récupérez le bulbe pour le conserver à l'abri du gel, dans une cave. Le glechoma (feuillage) et le lobélia (fleurs bleues) sont annuels.

1 La suspension métallique ajourée est doublée d'un feutre épais pour retenir la terre et l'humidité.

2 Remplissez la suspension avec un mélange de terre de bruyère et de tourbe brune.

3 Coupez le fond d'une bouteille d'eau minérale. Glissez dans le goulot un morceau d'éponge.

4 Plantez le plant de bégonia au centre. Disposez le lobélia et le glechoma de part et d'autre.

5 Arrosez au pied de chaque plante pour tasser la terre, puis remplissez la bouteille qui joue le rôle de réserve d'eau.

Des capucines dans l'air

FLORAISON : DE JUILLET À OCTOBRE

Aussi flamboyante et exubérante que la suspension de bégonia retombant de la page précédente, cette cascade de capucines est une alternative pour balcon ensoleillé. En peu de temps, vous obtiendrez cette généreuse brassée qui embellira votre été sans aucun souci.

Si vous aimez avoir la tête en l'air, offrez-vous un ciel étoilé de capucines multicolores. Les variétés naines classiques peuvent être cultivées dans des paniers ou des pots suspendus. Accrochés aux montants d'une pergola ou sur des potences, elles prennent un port retombant très gracieux. Le spectacle dure tout l'été.

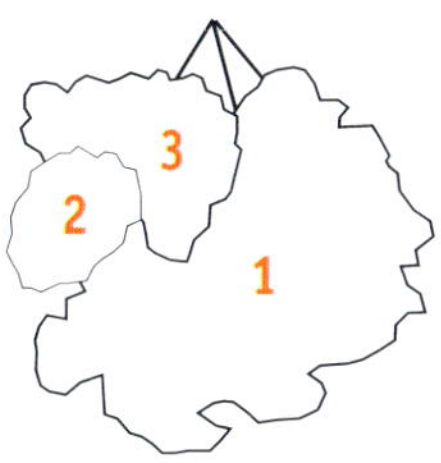

Vos achats

1 Capucine 'Whirlybird' en mélange rouge et jaune	*graines*
2 Diascia 'Appleby Apricot'	*1 plant*
3 Bégonia tubéreux à fleurs jaunes	*1 bulbe*
Mélange terreau et tourbe brune	
Crochet ou potence	

Quel pot choisir

Suspension métallique ou en plastique avec trous de plantation latéraux pour obtenir cet effet de boule fleurie. D : 30 à 35 cm.

La plantation

En mars, démarrez le bulbe du bégonia, à l'intérieur. En avril, semez les capucines à la maison ou dans un coin abrité du balcon, dans des petits pots en tourbe compressée. En mai, au soleil, plantez le bégonia et le diascia sur le dessus et les plants de capucine sur les côtés en les glissant dans les parois de la suspension.

L'entretien

Surveillez les attaques de pucerons noirs, presque inévitables sur les capucines.

L'évolution du décor

On obtient cette boule de couleurs environ 1 mois après la plantation. Cette suspension saisonnière commence à décliner vers le mois d'octobre. Pensez à récupérer le bulbe du bégonia.

Le charme anglais

Voici une de ces compositions monochromes et pleines de fraîcheur telles que les Anglais en raffolent. Leur secret : mêler un grand nombre de fleurs et de feuillages, sans fausse note et en parfaite harmonie. Masqué sous une abondante végétation, le panier semble flotter dans les airs.

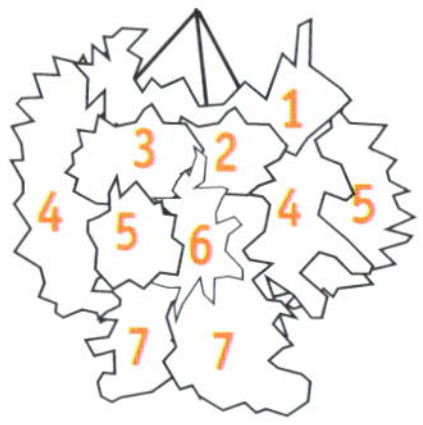

Vos achats

1 Géranium odorant 'Lady Plymouth'	*1 plant*
2 *Nemesia caerulea*	*1 plant*
3 *Helichrysum petiolare* 'Limelight'	*1 plant*
4 Géranium-lierre	*2 plants*
5 *Brachycome iberidifolia*	*2 plants*
6 Lobélia cascade 'Fountain Rouge Foncé'	*1 plant*
7 Surfinia 'Blue Vein'	*2 plants*

Mélange terreau et tourbe brune
Granulés rétenteurs d'eau conseillés
Crochet ou potence

Quel pot choisir

Une suspension large et profonde (D : 40 cm), avec des ouvertures latérales.

La plantation

Mai. Soleil. Installez tout d'abord les plantes dans les ouvertures des parois latérales. Remplissez de terre au fur et à mesure. Terminez par les plantes du sommet de la suspension.

L'entretien

Surveillez les attaques d'insectes (pucerons, araignées rouges, mouches blanches). Arrosez très souvent, particulièrement durant les périodes de forte chaleur.

L'évolution du décor

Les silhouettes variées des plantes créent cet effet de volume assez rapidement, environ 1 mois après la plantation. Les espèces du sommet se développent en hauteur, celles du milieu sont buissonnantes, les fleurs du pourtour retombent en cascade. Ce décor saisonnier décline dès l'arrivée des premiers froids, en octobre.

En été, les suspensions se dessèchent très vite et peuvent nécessiter jusqu'à 3 arrosages par jour. Cette lance à eau coudée facilite la tâche.

Cascade rose

Si les suspensions ont aujourd'hui un tel succès, les pétunias retombants que l'on connaît également sous le nom de surfinias y sont sans aucun doute pour beaucoup. Difficile en effet de résister à ces cascades fleuries qui poussent toutes seules et sans dopage aux engrais.

FLORAISON : D'AOÛT À OCTOBRE

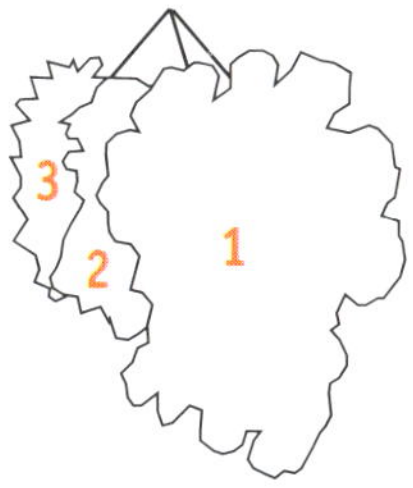

Vos achats

1 Pétunia Marco Polo 'Odyssey'	*1 plant*
2 *Sanvitalia procumbens* 'Little Sun'	*1 plant*
3 Lobélia cascade 'Fountain Bleu'	*1 plant*

Mélange terreau et tourbe
Granulés rétenteurs d'eau conseillés
Crochet ou potence

Quel pot choisir
Inutile d'investir dans une suspension très décorative puisqu'elle sera entièrement masquée par la cascade fleurie. D : 35 cm.

La plantation
Mai. Soleil ou mi-ombre. Répartissez les 3 plants à égale distance, en triangle, à environ 5 cm du bord de la suspension.

L'entretien
Aucun. Les arrosages doivent être réguliers mais des petits oublis occasionnels ne sont pas fatals. Après un bon bain pour hydrater toute la terre, le pétunia repart.

L'évolution du décor
Le pétunia Marco Polo 'Odyssey' est une nouvelle variété resplendissante de vitalité. Ses multiples fleurs doubles en forme d'œillet dominent rapidement la suspension. Le sanvitalia (jaune d'or) et le lobélia (bleu) jouent les seconds rôles. Floraison tout au long de l'été, déclinant en automne.

IDÉE CONSEIL

Appréciées des amateurs de camaïeux, les verveines Tapien et Babylon jouent vraiment sur les nuances. Du blanc cassé au violet en passant par le rose uni, le rose à œil blanc et le lilas, toutes les couleurs de ces nouvelles verveines s'harmonisent entre elles et se mettent mutuellement en valeur. Leur port retombant et leur abondante floraison en font des fleurs à suspendre de grande qualité. De plus, elles sont très résistantes aux maladies, ce qui est un atout appréciable par rapport aux anciennes variétés.

Des couleurs estivales

Ces guirlandes d'or et de pourpre sur un fond de feuillage en camaïeu de vert sont faites pour briller au soleil. Garanties grand teint, les couleurs des surfinias et des Millions Bells resteront éclatantes tout au long de l'été.

Vos achats

1 Lamier 'Golden Anniversary'	*1 plant*
2 *Helichrysum petiolare* argenté	*2 plants*
3 Surfinia à fleurs pourpres	*2 plants*
4 Millions Bells 'Terra Cotta'	*2 plants*

Mélange terreau et tourbe brune
Granulés rétenteurs d'eau conseillés
Crochet ou potence

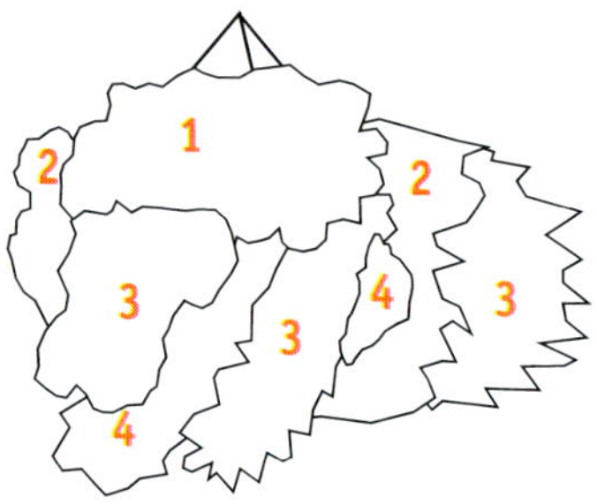

Quel pot choisir

Suspension large et profonde (D : 35 cm), en osier, en métal ajouré, en plastique ou en terre cuite.

La plantation

Mai. Soleil ou mi-ombre. Installez le lamier au centre du panier. Répartissez autour les plantes à port retombant.

L'entretien

Pincez les tiges de l'hélichrysum et du lamier pour étoffer leur feuillage. N'oubliez pas les arrosages, fréquents et copieux pendant les périodes de chaleur.

L'évolution du décor

Les feuillages du lamier (doré) et de l'hélichrysum (argenté) créent très rapidement un effet de volume. Les guirlandes fleuries des surfinias et des Millions Bells se déploient en souplesse tout au long de l'été. Cette suspension saisonnière vous réjouira jusqu'en octobre.

Elle s'accroche à l'ombre

FLORAISON : DE JUIN À OCTOBRE

Protégé du soleil estival, le fuchsia retombant de cette suspension florale a trouvé les conditions idéales pour prendre cette belle ampleur. En revanche, le surfinia et le géranium-lierre n'étant pas des plantes d'ombre, elles se contenteront de jouer les seconds rôles.

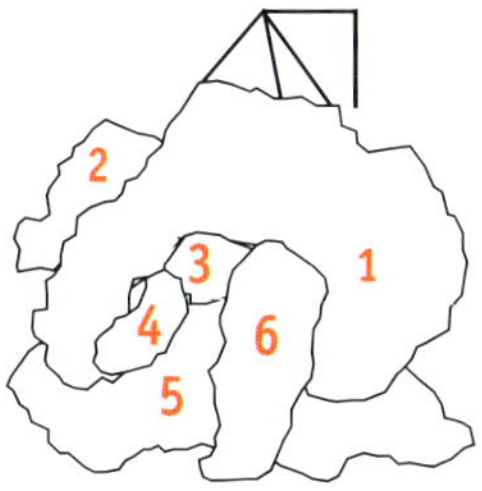

Vos achats

1 Fuchsia cascade rouge corail	*1 plant*
2 Géranium-lierre rose	*1 plant*
3 *Impatiens walleriana* rose	*1 plant*
4 Lobélia cascade	*1 plant*
5 Surfinia	*1 plant*
6 *Glechoma hederacea* 'Variegata'	*1 plant*

Mélange terreau, terre de bruyère et tourbe
Granulés rétenteurs d'eau conseillés
Potence ou crochet

Quel pot choisir

Suspension. D : 30 à 35 cm. Matériau au choix.

La plantation

Autour du 15 mai. Mi-ombre ou ombre. Placez le fuchsia au centre de la composition. Répartissez autour les autres plantes.

L'entretien

Dirigez les tiges du glechoma entre les fleurs. Taillez-les 2 ou 3 fois au cours de l'été. Surveillez les attaques de pucerons. Même à l'ombre, les suspensions exigent des arrosages très fréquents.

L'évolution du décor

En choisissant un fuchsia déjà bien développé à l'achat, on obtient un effet immédiat. Les nombreuses clochettes s'imposent ainsi plus facilement parmi les plantes d'accompagnement. Les premiers froids entraînent le déclin de la suspension.

Les fuchsias retombants sont quasi incontournables lorsqu'on souhaite installer une suspension à l'ombre. ◄ Par bonheur, il en existe toute une gamme de coloris. Dans cette suspension, une variété blanc rosé est associée à des pensées mauves et des hélichrysums argentés pour créer une dominante pastel. Les petites fleurs jaune d'or des Mimulus luteus *égayent l'ensemble.*

Un bain de fraîcheur

Plus facile à entretenir qu'une jardinière fleurie, un minibassin donne *illico* un petit air de vacances au balcon. Nénuphars et feuillages aquatiques vivent simplement les pieds dans l'eau et n'exigent que du soleil pour s'épanouir.

FLORAISON : DE JUILLET À SEPTEMBRE

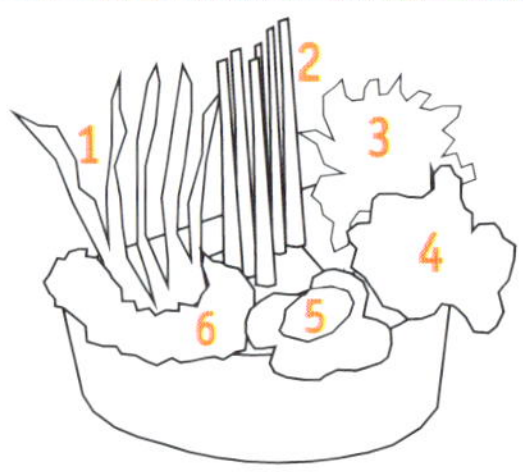

Vos achats

1 Papyrus miniature *(Cyperus haspan)*	*1 plant*
2 *Scirpus* 'Zebrinus'	*1 plant*
3 *Hippuris vulgaris*	*1 plant*
4 *Houttuynia cordata* 'Chameleon'	*1 plant*
5 Nénuphar nain *(Nymphæa pygmæa)*	*1 plant*
6 *Myriophyllum aquaticum*	*1 plant*

Terre aquatique (1 sac), graviers
Toile de jute ou feutre imputrescible
2 ou 3 briques pleines

Quel pot choisir

Paniers ajourés en plastique noir conçus spécialement pour la culture des plantes de bassin, ronds ou carrés (environ 15 à 18 cm de côté). En photo : petit bassin en plastique imitation tonneau. P : 35 cm, L : 60 cm, l : 40 cm.

La plantation

Mai-juin. Soleil ou mi-ombre. Chaque plante est isolée dans un pot individuel pour en limiter le développement.

L'entretien

Contrôlez le niveau d'eau régulièrement. En plein été, elle s'évapore très rapidement ! Coupez les feuilles fanées. Chaque printemps, changez l'eau et nettoyez le minibassin. Divisez les plantes à la même époque, tous les 3 ans.

L'évolution du décor

Les feuillages s'étoffent régulièrement tout au long de l'été. Le myriophyllum – plante oxygénante – reste quant à lui en grande partie immergé. À partir de juin-juillet, les fleurs du nénuphar commencent à s'épanouir. Elles s'ouvrent le matin vers 10 h et se referment en fin d'après-midi, vers 18 h. L'houttuynia devient très coloré en automne. Avant l'arrivée des premiers froids, protégez soigneusement le minibassin sous un épais plastique à bulles ou bien rentrez-le dans un jardin d'hiver. En évitant la prise en glace de l'eau, toutes ces plantes aquatiques peuvent persister plusieurs années.

1 Préparez les pots en plastique ajouré. Doublez l'intérieur avec de la toile de jute ou du feutre de drainage.

2 La terre spécialement adaptée aux plantes aquatiques est vendue en sac. Mettez-en un peu au fond de chaque pot.

3 Installez la plante après avoir enlevé le conteneur d'origine. Comblez les espaces libres avec la terre aquatique.

4 Tassez la terre en calant la motte. Recouvrez la surface de petits graviers pour éviter de salir l'eau lors de la mise en place.

5 Les briques (10 cm d'épaisseur) placées au fond du minibassin permettent d'immerger les pots à la profondeur convenant à chaque espèce.

6 Pour un bassin de 35 cm de hauteur, placez une brique sous les plantes à feuillage érigé. Le nénuphar et le myriophyllum sont posés au fond.

IDÉE CONSEIL

Très décoratifs, les demi-tonneaux en châtaignier ou en chêne peuvent être achetés neufs ou récupérés (régions viticoles). Des volumes variés permettent de réaliser un décor plus vivant. Vérifiez l'étanchéité des contenants et doublez-les éventuellement d'un film en plastique noir. N'oubliez pas enfin qu'ils seront difficiles à déplacer une fois remplis d'eau !

7 Remplissez d'eau le minibassin en agissant en douceur pour éviter de bousculer les plantes.

Mariage pourpre et or

FEUILLAGE : DE MAI-JUIN À NOVEMBRE

Souvent négligés au profit des fleurs, les feuillages jouent pourtant un rôle essentiel dans la décoration des jardinières. Leurs couleurs variées, leurs textures et leurs silhouettes permettent de réaliser des minipaysages très vivants et surtout peu contraignants. Avis aux partisans du moindre effort.

ZOOM

De mai à octobre, *Oxalis triangularis* forme un ravissant tapis de feuillage pourpre parsemé de fleurettes rose pâle. Utilisez-le en « bouche-trou » pour accompagner les plantes de croissance lente, comme ces tubéreuses (feuillage vert tendre) qui ne s'épanouiront qu'en automne. Ses feuilles sensitives se repliant au moindre souffle du vent, l'oxalis est à placer dans un endroit abrité du balcon, si possible à mi-ombre. Les bulbes se plantent en mars-avril. Selon le climat, ils peuvent passer l'hiver en place ou être arrachés et entreposés dans une cave.

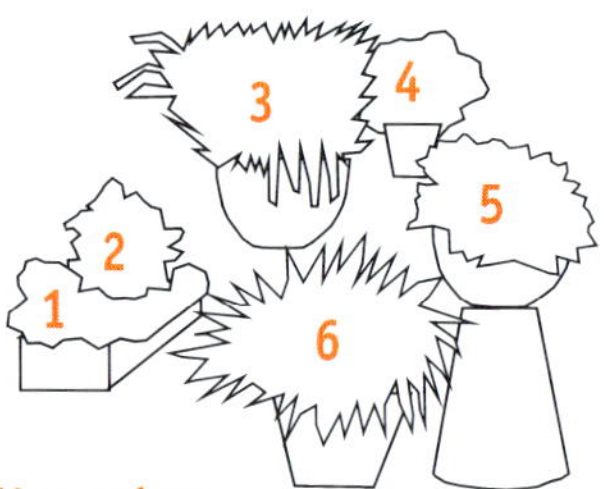

Vos achats

1 *Oxalis deppei* 'Iron Cross' — *8 bulbes*
2 Arroche (*Atriplex hortensis* 'Rubra') — *graines*
3 *Phormium tenax* 'Dazzler' — *1 plant*
4 *Oxalis triangularis* — *3 bulbes*
5 *Carex hachijoensis* 'Evergold' — *1 plant*
6 *Hakonechloa macra* 'Aureola' — *1 plant*

Mélange terreau et terre végétale bien drainé

Support ou sellette pour installer les potées à différents niveaux

Quel pot choisir

Gardez la même unité de matériau (terre cuite…) mais variez les formes et les volumes. D : 20 à 30 cm.

La plantation

Avril-mai. Soleil ou mi-ombre. Plantez les bulbes d'oxalis à 8 cm de profondeur, tous les 15 cm. Semez les graines d'arroche directement en place. Installez les autres plantes sans abîmer les mottes.

L'entretien

Uniquement des arrosages. Insectes et maladies semblent ignorer ces feuillages. Coupez complètement les feuilles de l'hakonéchloa au début de l'hiver ou du printemps. Protégez les potées du froid sous un plastique à bulles ou des voiles d'hivernage si le balcon est exposé au gel.

L'évolution du décor

Le feuillage tapissant des oxalis forme un tapis coloré. L'espèce qui ressemble à un gros trèfle à quatre feuilles *(O. deppei)* met en valeur le feuillage pourpre du phormium et de l'arroche. Le feuillage du carex (doré) et celui du phormium sont persistants. Les autres disparaissent en hiver mais refont surface au printemps.

Le buis en vedette

Pour son élégance, sa forte présence et son feuillage toujours vert, le buis mérite une place de choix sur les balcons. Pour le mettre en valeur, associez-le à d'autres feuillages au graphisme différent ou jouez avec ses formes multiples : cône, boule, spirale ou sculpture animale fantaisiste. Il coûte assez cher – parce qu'il pousse très lentement – mais on l'adopte pour la vie.

Vos achats

1 Buis	*1 plant*
(Buxus sempervirens)	*en conteneur*
2 *Sedum spectabile*	*1 plant*
3 Troène sur tige	*1 plant*
	en conteneur
4 Géranium odorant	*1 plant*
5 Hémérocalle	*1 plant*

Terreau universel bien drainé enrichi avec un engrais organique

Quel pot choisir

Une belle terre cuite est idéale pour mettre en valeur la verdure du buis et des feuillages. D : 40 cm pour le buis, 25 à 30 cm pour les autres plantes.

La plantation

Mars-avril pour profiter du décor dès le début de la saison, mais la mise en pot peut se faire toute l'année. Soleil ou mi-ombre.

L'entretien

Surveillez les attaques de cochenilles et d'araignées rouges. Taillez le buis et le troène sur tige tous les ans pour maintenir leur silhouette compacte et régulière. Coupez les hampes fanées des hémérocalles en fin d'été. Rempotez et divisez ces dernières tous les 3 à 4 ans. Douchez le feuillage du buis durant les fortes chaleurs. En hiver, protégez les hémérocalles sous un voile d'hivernage.

L'évolution du décor

Le succès de cette petite scène verdoyante est dû au contraste des différentes silhouettes des plantes. Leur feuillage étant persistant, ce décor est permanent avec quelques petites surprises au fil des saisons. Le troène fleurit et parfume le balcon au mois de mai, les hémérocalles s'épanouissent en juin-juillet et le sédum prend la relève en septembre-octobre.

Les plantes de votre balcon d'été

Bien sûr, il y a toujours les géraniums qui vous font de l'œil de façon tapageuse sur les étals des marchés aux fleurs. Mais à leurs côtés on trouve désormais une ribambelle de nouvelles potées estivales, originales, charmeuses et aussi fiables que les rois des balcons. Partez faire vos achats avec une idée précise en tête : un balcon rose, une fenêtre parfumée, une ambiance méditerranéenne... Si vous craquez en cours de route pour une potée fleurie, cherchez-lui aussitôt des compagnes qui sauront la mettre en valeur et en renforcer l'effet. C'est pour cela que nous indiquons pour chacune des plantes les meilleures associations possibles. N'oubliez pas enfin les indispensables feuillages qui leur serviront d'écrin.

ANTHÉMIS

Une valeur sûre

Plante vivace gélive. H : 30 à 50 cm.
Intérêts : une nuée de petites marguerites blanches à cœur jaune, tout l'été et une partie de l'automne. Port compact.
Notre choix : *Anthemis frutescens (Argyranthemum)* à fleurs blanches est la plus facile à réussir, en touffe ou sur tige. Les variétés roses ou jaunes sont attirantes mais plus délicates.
Prévoir : terreau bien drainé. Pincez les jeunes pousses. Supprimez les fleurs fanées, inesthétiques.
Associations : arctotis, brachycome, diascia, scaevola, surfinia...

supporte une petite période de sécheresse

laissez sécher la terre en surface entre 2 arrosages

terre fraîche en permanence

plantes avides d'humidité

soleil

mi-ombre

ombre

ARCTOTIS

Des marguerites de couleurs

Plante vivace gélive. H : 50 cm.
Intérêts : grandes marguerites de 8 à 10 cm de diamètre, de juillet à septembre. Feuillage gris-vert.
Notre choix : les nouveaux hybrides sont très florifères et offrent de nombreux coloris, gais et chatoyants.
Prévoir : terreau allégé avec du sable. Bon drainage.
Associations : anthémis, gypsophile, gazania, hélichrysum argenté...

Quand acheter les plantes pour votre balcon d'été

Mars-avril : bulbes à floraison estivale (bégonia tubéreux, dahlia, eucomis, lis, oxalis…). Graines à semer en place dans les jardinières (capucine, cosmos, bleuet, sanvitalia, tournesol…).
Avril-mai : la plupart des fleurs d'été pour pot et jardinière sont proposées en godets ou en petites mottes, par barquettes d'une dizaine de plants.
On trouve aussi des plants « adultes » dans de grands pots.
Mars à juin : les arbustes (buis, hortensia, rosier, laurier-rose…) et les plantes vivaces de grande taille cultivés en conteneur.

BÉGONIA

Pour toutes les situations

Plante vivace gélive ou bulbeuse. H : 20 à 40 cm.
Intérêts : floraison continue de juin à octobre. Nombreuses utilisations : potée, jardinière, suspension. Succès assuré.
Notre choix : *Begonia semperflorens* F1 'Expresso' et autres variétés au soleil, bégonia tubéreux érigé ou cascade pour l'ombre.
Prévoir : mélange de terre de bruyère et de tourbe bien drainé. Risques d'oïdium (maladie du blanc).
Associations : asparagus, impatiens, lierre et lobélia pour l'ombre. Glechoma, héliotrope, lis, pétunia et surfinia pour le soleil.

BIDENS

Un nuage jaune d'or

Plante vivace gélive. H : 45 à 60 cm.
Intérêts : volume et légèreté, petites fleurs étoilées, jaunes, de juillet à novembre. Sans entretien.
Notre choix : nouvelles variétés plus compactes et à grandes fleurs telles que 'Goldie', 'Golden Goddess', et 'Golden Star'.
Prévoir : terreau bien drainé. Petits pincements pour étoffer la végétation.
Associations : géranium-lierre, surfinia, tabac, verveine…

BRACHYCOME

Tendresse et légèreté

Plante annuelle. H : 20 à 30 cm.
Intérêts : une envolée de petites marguerites colorées au-dessus d'un feuillage verdoyant très finement découpé. Parfum. En fleur tout l'été.
Notre choix : *Brachycome iberidifolia* race Splendour ou série Bravo, par couleurs (blanc, bleu ou violet) ou en mélange.
Prévoir : terreau bien drainé. Pincez les jeunes pousses.
Associations : hélichrysum argenté, pétunia et surfinia, tabac.

BUIS

Sculpture de verdure

Arbuste. H : 50 cm à 2 m.

Intérêts : feuillage persistant vert tendre. Grande longévité. Silhouette compacte et structurée. Supporte très bien la taille.

Notre choix : buis commun *(Buxus sempervirens)* déjà formé en boule, en cône ou en topiaire, présenté en conteneur.

Prévoir : mélange de terre végétale et de terreau allégé avec du sable ou de petits graviers. Prix élevé dû à la lenteur de la croissance.

Associations : plusieurs potées de buis, feuillages variés, rosier...

REPÈRES

Les espèces vivaces dites « gélives », les plantes dites « méditerranéennes » et la plupart des bulbes d'été disparaissent dès l'arrivée des premiers froids, certaines à partir de 0 °C d'autres vers - 5 à - 8 °C. Sur un balcon bien exposé avec des protections autour du pot ou sous un climat doux, il est possible de les conserver durant quelques années. Si vous le pouvez, n'hésitez pas à les rentrer dans une pièce lumineuse pas trop chauffée (véranda...). Les plantes annuelles ne durent qu'une seule saison.

CAPUCINE

Un tempérament de feu

Plante annuelle. H : 20 à 30 cm.

Intérêts : port tapissant (jardinière) ou retombant (en suspension). Floraison continue de juin à octobre. Coloris vifs. Feuillage décoratif.

Notre choix : capucine naine *(Tropaeolum minus)*. 'Impératrice des Indes' (écarlate), 'Peach Melba' (jaune maculé de pourpre), 'Whirlybird' (fleurs doubles rouges et orangées).

Prévoir : semez les graines en godet ou directement dans les pots et les jardinières en avril-mai. Terreau bien drainé. Traitements contre les pucerons.

Associations : canna nain, diascia, tabac, tomate...

DIASCIA

Tendre et gracieuse

Vivace gélive ou rustique. H : 45 cm.

Intérêts : longue floraison du printemps à l'automne, coloris doux, dans les tons roses et saumon. Résiste aux parasites.

Notre choix : *Diascia rigescens* pour son port élégant. 'Ruby Field' et 'Little Charmer' sont très florifères. Attention, certaines espèces sont capricieuses.

Prévoir : terreau bien drainé. Taillez les tiges après la première vague de floraison.

Associations : *Erigeron karvinskianus*, fuchsia, gaura, hélichrysum, surfinia...

PAR SAFIA AMOR

Une orchidée à la maison

Connaissez-vous le phalenopsis? Facile à cultiver, cette variété d'orchidée ne peut que vous séduire.

L'EAU, OUI MAIS...

N'arrosez votre phalenopsis que une ou deux fois par semaine en hiver, deux ou trois fois en été, de préférence le matin. Ne laissez jamais ses racines baigner dans l'eau, sinon gare à la pourriture. Le mieux : l'enlever de son cache-pot et le baigner dans son pot d'origine dans un bac rempli d'eau pendant une dizaine de minutes, puis le laisser s'égoutter avant de le replacer dans son cache-pot. Vous pouvez aussi le poser sur un lit de gravier ou de billes d'argile maintenu humide sans que l'eau touche le fond des pots.

DE LA LUMIÈRE, PAS DE SOLEIL

Installez votre phalenopsis à moins d'un mètre d'une fenêtre, mais n'oubliez pas d'y placer un store ou un rideau léger en été pour laisser passer la lumière, mais pas les rayons UV. De même, côté température, l'orchidée aime la chaleur, mais sans excès : 18 à 20 °C en journée. La nuit, la belle apprécie que le chauffage baisse d'au moins 5 °C : c'est utile pour favoriser sa floraison !

PAS DE FLEURS ?

> Fleur fanée. Coupez la tige au-dessus du deuxième œil (bourgeon naissant). Une branche se développera à partir de cet œil. *Idem* après la floraison pour que la plante continue à fleurir. Si elle ne refleurit pas, placez-la à l'automne au frais (15-16 °C).

> Haut de la tige défleuri et sec. Coupez au-dessus du premier bourgeon. Une tige florale devrait se développer à cet endroit. Si toute la hampe (tige) est sèche, taillez près de la base sans abîmer les feuilles.

SUBSTRAT SPÉCIAL

Lorsque vous achetez votre orchidée, remarquez qu'elle est plantée dans une « terre » pas comme les autres. Ce substrat spécial est nécessaire à sa vigueur. Si vous devez la rempoter ou ajouter un peu de substrat, vous avez le choix entre deux types de composition, suivant vos habitudes d'arrosage.

Vous arrosez fréquemment, employez un substrat à base d'écorce ou de morceaux de noix de coco, qui empêchent toute pourriture des racines.

Si vous avez peu de temps pour arroser, choisissez-le à base de tourbe fibreuse ou de laine de roche horticole, qui retiennent l'eau.

PAR CÉLINE THOMAS

CHAMPION ADOPTE L'EUCALYPTUS

> Menace. Champion a sélectionné le bois d'eucalyptus, labellisé FSC. Avec près de six cents espèces, c'est l'arbre idéal pour remplacer le teck, une essence surexploitée. Cela limite aussi les déforestations inutiles. Originaire d'Australie et de Tasmanie, l'eucalyptus s'est bien acclimaté aux rivages portugais et méditerranéens.

> Qualités. Semblable au teck sur de nombreux points, l'eucalyptus est un bois très dur, qui possède une excellente résistance à l'humidité.

Un bois éco-solidaire

Les forêts et leurs ressources ne sont pas inépuisables. Avec Champion, engagez-vous pour un ameublement responsable.

Les arbres sont des maillons essentiels de la chaîne de la vie. Les forêts jouent un rôle primordial dans la régulation des climats et du cycle de l'eau. Selon les scientifiques, les forêts mondiales renferment plus de 50 % de la biodiversité terrestre. Or, la dégradation de ce précieux écosystème se poursuit à un rythme inquiétant.

FSC, un label protecteur

Pour lutter contre la déforestation et protéger la planète, Champion s'est engagé à avoir une politique d'achat responsable : pas de teck dans les magasins et l'utilisation d'essences qui ne favorisent pas la déforestation. Pour 2007, l'objectif est de tendre vers un assortiment comprenant au moins 80 % de bois FSC *(Forest Stewardship Council)* pour son mobilier de jardin. Système mondial d'éco-certification du bois, ce label, reconnu par le WWF, est délivré par un certificateur indépendant, après un audit de terrain de la forêt.

Il garantit ainsi le respect d'un cahier des charges protecteur de la diversité biologique, de l'écosystème mais aussi des droits des indigènes et de la viabilité économique de la forêt.

En effet, chaque semaine, ce sont deux cent mille hectares de forêts tropicales qui disparaissent dans le monde (l'équivalent d'un terrain de foot toutes les deux secondes !) alors qu'à peine 10 % d'entre elles sont protégées. Et si les forêts tropicales restent les plus touchées, celles des zones tempérées et boréales subissent, elles aussi, des pertes importantes en biodiversité.

Espèces menacées

De plus en plus, l'exploitation du bois par l'homme réduit de façon dramatique le nombre d'espèces d'arbres. Conséquence, la variété de la faune et de la flore de ces milieux naturels diminue. Sans compter la menace que cela représente pour la survie des populations indigènes. S'y ajoutent les problèmes de commerce illégal d'essences protégées, comme le teck, principale cible des contrebandiers. Or vert de l'Asie et très convoitée, cette espèce tropicale est devenue la grande victime du déboisement mondial.

Alors, grâce au label FSC, participez vous aussi à une action citoyenne : aidez la planète bleue à rester toujours aussi verte.

GESTE ÉCOLO

Lorsque vous achetez un salon de jardin, pensez à faire un achat responsable, en optant pour du bois dûment labellisé FSC. Vous aurez ainsi la certitude que vos nouveaux meubles proviennent de forêts bien gérées.

ÉRIGERON

Une plante sans souci
Vivace. H : 20 à 30 cm.
Intérêts : une myriade de petites fleurs étoilées blanc rosé, de juin à octobre. Utilisation en potée ou bien en suspension. Supporte la sécheresse.
Notre choix : *Erigeron karvinskianus (mucronatus)* 'Profusion'.
Prévoir : terreau bien drainé. Peut passer l'hiver en place sous un simple voile de protection.
Associations : diascia, gazania, hélichrysum argenté, lavande, ostéospermum...

FÉLICIA

Des étoiles bleues
Vivace gélive. H : 30 à 40 cm.
Intérêts : de juin à octobre, une profusion de pâquerettes d'un bleu irrésistible. Port tapissant.
Notre choix : *Felicia amelloides (Agathea coelestis)*, bleu clair ou foncé selon les variétés.
Prévoir : terreau ordinaire allégé avec du sable. La suppression régulière des fleurs fanées est indispensable à la beauté du décor. Apports d'engrais préconisés.
Associations : bidens, gaillarde, gazania, *Helichrysum petiolare* et *H. italicum*, lantana, laurier-rose...

FUCHSIA

Le roi de l'ombre
Arbuste gélif. H : 30 à 80 cm.
Intérêts : fleurs en clochettes pendantes très gracieuses, dans les tons roses, rouges ou violacés, de mai-juin aux gelées.
Notre choix : des dizaines de variétés méritent d'être cultivées en pot. Port étalé, dressé, retombant, sur tige, buissonnant...
Prévoir : terreau bien drainé. Abritez du gel durant l'hiver dans une véranda ou une serre froide.
Associations : bégonia tubéreux, lobélia cascade, impatiens, lierre...

GAURA

Un peu folle mais charmante

Plante vivace. H : 50 cm.

Intérêts : floraison légère et aérienne de mai à octobre. Style champêtre et naturel. Culture très facile.

Notre choix : le succès de la nouvelle variété à fleurs roses 'Siskiyou Pink' est amplement mérité.

Prévoir : terre de jardin ou terreau bien drainé. Taille des hampes florales fanées. Protection hivernale.

Associations : jardinière de fleurs champêtres, anémone du Japon, canna nain, cosmos, diascia, eucomis, lis, rosier...

GAZANIA

Un amoureux du soleil

Plante vivace gélive. H : 20 cm.

Intérêts : des couleurs lumineuses, très estivales. Une floraison continue de juin à octobre. Bon couvre-sol.

Notre choix : 'Red Stripe' (orange rayé de rouge), 'Blackberry Ripple' (blanc rayé pourpre et noir), race Mini Star (port très compact et nombreux coloris vifs).

Prévoir : une exposition ensoleillée sinon les fleurs ne s'ouvrent pas. Suppression des fleurs fanées. Terreau allégé avec du sable, bon drainage.

Associations : félicia, géranium-lierre, héliotrope, hélichrysum, lavande...

GÉRANIUM

Avec modération

Plante vivace gélive. H : 40 cm.

Intérêts : floraison abondante et permanente, de juin jusqu'aux premières gelées. Culture facile.

Notre choix : géranium-lierre pour les suspensions et les jardinières surélevées. Géranium zonale pour les potées et les jardinières en association avec d'autres fleurs. Variétés à fleurs blanches pour illuminer les autres couleurs.

Prévoir : terreau « géranium ». Suppression des fleurs fanées. Apports d'engrais.

Associations : asparagus, brachycome, bidens, diascia, gypsophile, héliotrope, pétunia et surfinia, verveine...

GYPSOPHILE

Un nuage blanc

Plante vivace. H : 70 cm.

Intérêts : floraison vaporeuse en brouillard tout l'été. Bel effet de volume. Plante très robuste.

Notre choix : l'espèce vivace *(Gypsophila paniculata)* se comporte très bien en pot et refleurit durant de nombreuses années.

Prévoir : terreau allégé avec du sable et bon drainage. Taille des hampes fanées au ras du pot en automne.

Associations : arctotis, diascia, gazania, héliotrope, lis, rosier, scaevola, surfinia, tabac, verveine...

HÉLICHRYSUM

Une touche de douceur

Plante vivace gélive. H : 20 cm.

Intérêts : feuillage duveteux aux couleurs lumineuses, indispensable pour donner du volume et mettre en valeur de nombreuses floraisons. Port étalé.

Notre choix : selon les associations, *Helichrysum petiolare* 'Silver' (argenté), 'Limelight' (doré) et 'Variegatum' (panaché).

Prévoir : terreau bien drainé. Pincez les tiges pour étoffer la végétation.

Associations : bidens, fuchsia, géranium, héliotrope, pétunia, verveine...

HÉLIOTROPE

Un parfum du soir

Plante vivace gélive. H : 40 cm

Intérêts : senteurs vanillées surtout en fin de journée, feuillage gaufré, floraison originale et colorée tout l'été et une partie de l'automne.

Notre choix : héliotrope du Pérou, bleu et violet (pour l'éclat de ses couleurs) ou blanc rosé (pour le parfum très puissant).

Prévoir : terreau bien drainé, apports d'engrais. Taille des hampes florales fanées.

Associations : gypsophile, hélichrysum, pétunia jaune pâle, tabac...

HORTENSIA

Un côté rétro

Arbuste. H : 80 cm.

Intérêts : longue floraison estivale sur les balcons ombragés. Nombreuses variétés.

Notre choix : *Hydrangea macrophylla* à fleurs rondes ('Ami Pasquier', 'Mme Émile Mouillère', 'Merveille Bleue'...) et à fleurs plates « en dentelle » ('Blaumeise', 'Lanarth White', 'Môwe'). *Hydrangea serrata* (nombreuses variétés) pour son port compact et ses très belles fleurs. *Hydrangea japonica* série Lady pour ses fleurons colorés bordés de blanc.

Prévoir : mélange terre de bruyère et tourbe. Granulés rétenteurs d'eau. Protection contre le vent. Taille de nettoyage en fin d'automne.

Associations : bégonia tubéreux, impatiens, fuchsia, hosta, hortensia grimpant, lierre...

IMPATIENS

Floraison non-stop

Annuelle. H : 30 cm.

Intérêts : floraison massive et continue de juin à novembre. Port tapissant. La providence des fenêtres ombragées.

Notre choix : *Impatiens walleriana* à fleurs blanches, roses, rouges, pourpres ou bicolores.

Prévoir : mélange terreau et tourbe. Pincez les tiges en mai-juin.

Associations : asparagus, bégonia tubéreux ou semperflorens, fuchsia, lierre...

LANTANA

Un flamboyant en pot

Vivace gélive. H : 1 m.

Intérêts : floraison estivale et automnale. Plante vigoureuse à tailler en buisson ou sur tige. Belles couleurs chaleureuses et changeantes. Supporte la sécheresse.

Notre choix : *Lantana camara* pour ses fleurs bicolores blanc et crème, rose et jaune, rouge brique et orangé...

Prévoir : terreau bien drainé. Apports d'engrais. Tailles régulières pour maintenir une forme compacte.

Associations : gazania, héliotrope, laurier-rose, surfinia...

LAURIER-ROSE

Un méditerranéen éblouissant
Arbuste gélif. H : 1 m.
Intérêts : une valeur sûre, en fleur tout l'été. Couleurs vives. Culture facile. Parfumé. Feuillage persistant.
Notre choix : fleurs simples ou doubles, roses, rouges, saumon, abricot, jaunes, blanc pur.
Prévoir : mélange de terreau et de terre végétale bien drainé. Taille après la floraison. Surveillez les cochenilles. Abritez du gel en hiver. Bouturage facile.
Associations : géranium, lagerstroemia, lantana, plumbago du Cap...

LAVANDE

Des senteurs provençales
Vivace. H : 50 cm.
Intérêts : floraison en épis parfumés tout l'été. Feuillage persistant vert ou argenté. Silhouette en boule. Délicieux parfum.
Notre choix : variétés à port compact comme 'Hidcote' (violet foncé), 'Munstead' (bleu), 'Nana Alba' (blanche).
Prévoir : mélange terreau et terre végétale bien drainé. Taille indispensable après la floraison sinon la plante dégénère rapidement.
Associations : gazania, laurier-rose, romarin, rosier, thym...

LIS

Élégance et parfum
Bulbe à fleurs. H : 50 cm à 1 m.
Intérêts : floraison légère, gracieuse et parfumée. Culture facile, bon comportement en pot.
Notre choix : lis asiatiques hybrides (port compact et nombreuses couleurs), lis royal (élancé et superbe).
Prévoir : terreau bien drainé. Plantation des bulbes en avril (5 pour un pot de 25 cm de diamètre). Tuteurs. Surveillez les criocères (insectes rouges).
Associations : belle-de-nuit, gypsophile, heuchéra, tabac...

LOBÉLIA

Une cascade bleue

Plante annuelle. H : 30 cm.

Intérêts : floraison légère et retombante, dans différentes tonalités de bleu, de mai aux premières gelées.

Notre choix : la race cascade offre une belle palette de coloris : bleu, violet, rouge, rose ou blanc.

Prévoir : terreau ordinaire. Utilisation en suspension.

Associations : bégonia pendula, lierre, fuchsia retombant, hélichrysum, impatiens, scaevola, surfinia.

NÉMÉSIA

Un air nouveau

Plante annuelle. H : 30 cm.

Intérêts : une nuée de petites fleurs légères et originales tout l'été. Des coloris lumineux. Une belle présence dans les suspensions. Parfumé.

Notre choix : les nouvelles variétés comme 'Blue Bird', 'Mélanie' ou 'Sea Mist' entre autres ont un port plus compact, une floraison abondante et durable.

Prévoir : terreau. Arrosages et apports réguliers d'engrais.

Associations : hélichrysum, plectranthus, pétunia retombant, verveine...

ORIGAN

Original et rafraîchissant

Plante vivace gélive. H : 30 cm.

Intérêts : végétation en cascade. Tout l'été, bractées colorées très décoratives et petites fleurs rose fuchsia. Feuillage bleu-vert.

Notre choix : 'Kent Beauty' (à bractées roses) et l'hybride 'Pagoda' (nouveauté à bractées vert tendre ombré de rose pâle).

Prévoir : terreau bien drainé. Plante à suspendre.

Associations : lobélia, pétunia retombant, tabac, verveine.

OSTÉOSPERMUM

Des marguerites multicolores

Vivace gélive. H : 30 cm.

Intérêts : floraison soutenue tout l'été. Coloris lumineux presque fluorescents. Feuillage dense et tapissant.

Notre choix : les nouveaux hybrides d'ostéospermum (*Dimorphotheca*), telle la série Sunny dans sa gamme de couleurs (rose, blanc, jaune, pourpre...).

Prévoir : terreau bien drainé. Suppression des fleurs fanées.

Associations : anthémis, diascia, gazania, géranium-lierre, pétunia retombant, verveine.

PÉTUNIA

Effet gagnant assuré

Plante annuelle. H : 40 cm.

Intérêts : abondante floraison sans interruption de mai-juin jusqu'aux premières gelées. Port souple, retombant en cascade. Facilité de culture.

Notre choix : les nouvelles races de pétunias tels les surfinias, les Millions Bells, les fortunias et les pétunias retombants à fleurs simples ou doubles offrent un véritable festival de couleurs pour garnir jardinières et suspensions.

Prévoir : mélange de terreau et de tourbe. Pot de grand volume. Pincements après la plantation. Apports d'engrais réguliers.

Associations : diascia, gaura, géranium, hélichrysum, lantana, lobélia, tabac, verveine...

PLECTRANTHUS

Un feuillage remarquable

Vivace gélive. H : 50 cm.

Intérêts : feuillage couvre-sol généreux, idéal pour mettre en valeur de nombreuses floraisons.

Notre choix : *Plectranthus coleoides* 'Variegatus' pour ses petites feuilles rondes, vertes à liseré blanc argenté. *Plectranthus ciliatus* au feuillage velouté, gris argenté.

Prévoir : terreau bien drainé. Pincements fréquents pour étoffer la végétation.

Associations : bégonia, pétunia, géranium, impatiens, lobélia, sanvitalia, verveine...

ROSIER

Romantique et parfumé

Arbuste. H : 50 cm à 2 m.
Intérêts : floraison éblouissante et parfumée, grand choix de variétés et de formes (buisson, sur tige, grimpant). Fruits décoratifs en automne.
Notre choix : variétés remontantes et résistantes aux maladies. En photo : 'Ballerina'.
Prévoir : terreau « rosier ». Apports réguliers d'engrais. Taille et suppression des fleurs fanées.
Associations : buis, lavande, romarin, sauge, thym...

SANVITALIA

Tonique et chaleureux

Annuelle. H : 30 cm.
Intérêts : une des meilleures floraisons pour les potées estivales dans les tons jaunes. Port étalé ou retombant.
Notre choix : de nouvelles sélections intéressantes arrivent sur le marché, telles que 'Little Sun', 'Aztec Gold'...
Prévoir : terreau bien drainé. Risques d'oïdium. Plants ou graines.
Associations : brachycome, félicia, hélichrysum, lantana, lobélia, pétunia, plectranthus, scaevola, verveine.

SCAEVOLA

Abondance et prospérité

Vivace gélive. H : 40 cm.
Intérêts : floraison retombante, sans interruption tout l'été jusqu'aux premières gelées. Superbe dans une jardinière surélevée et en suspension.
Notre choix : il se joue uniquement sur les nuances des coloris, plus ou moins bleus, violacés ou rosés.
Prévoir : mélange de terreau et de tourbe. Granulés rétenteurs d'eau. Pincez les tiges en mai-juin. Pour une belle floraison, évitez les oublis et les excès d'arrosage. Apports d'engrais réguliers.
Associations : bidens, gazania, rose d'Inde, pétunia, sanvitalia, tabac.

TABAC

Parfums, couleurs et volumes

Plante annuelle. H : 40 cm.
Intérêts : de juin jusqu'aux premières gelées, une abondance de petites fleurs en bouquets légers.
Notre choix : le tabac d'ornement *(Nicotiana affinis)*, en particulier les coloris saumon, rose tendre, crème ou blanc. Le grand tabac à fleurs blanches *(Nicotiana sylvestris)* pour la puissance de son parfum (H : 1 m).
Prévoir : mélange de terreau et de tourbe. Arrosages et apports d'engrais réguliers.
Associations : brachycome, diascia, gypsophile, hélichrysum, ostéospermum, verveine.

TOMATE

Un plaisir gourmand

Plante annuelle. H : 30 cm à 1 m.
Intérêts : cueillette échelonnée de juillet-août à octobre. Bel effet décoratif si les plantes sont dirigées sur un treillage.
Notre choix : les tomates cerises et les tomates en grappes sont les plus faciles à cultiver sur un balcon. Sur une fenêtre, préférez les tomates naines (H : 30 cm) telle la variété 'Tumbler'.
Prévoir : mélange de terreau et de tourbe. Apports d'engrais « tomates » et arrosages réguliers. Tailles. Risques d'attaque de mouches blanches.
Associations : plantes aromatiques (basilic, persil, ciboulette), laitues à couper, piment et poivron, bidens, sanvitalia.

VERVEINE

Des nouveautés extra

Plante vivace gélive. H : 25 à 40 cm.
Intérêts : floraison généreuse, sans interruption, de juin jusqu'aux premières gelées. Port compact, tapissant ou retombant. Coloris vifs (rose, violet...) ou pastel (pêche, abricot...).
Notre choix : les nouvelles races de verveines sont beaucoup plus résistantes aux maladies et aux oublis d'arrosage. À découvrir absolument, les verveines African Skies, Babylon, 'Imagination', Pendula, 'Peach and Cream', 'Novalis', Tapien, Tukana, Temari...
Prévoir : terreau bien drainé. Pincez les tiges en début de végétation pour les inciter à se ramifier.
Associations : géranium-lierre, héliotrope, sanvitalia, surfinia.

l'automne au balcon

Jeux de contrastes

FLORAISON :
DE SEPTEMBRE À DÉBUT NOVEMBRE

À réaliser au retour des vacances d'été, cette composition de plantes vivaces joue sur le contraste des textures et des couleurs des plus belles floraisons d'arrière-saison.

Vos achats

1 *Rudbeckia fulgida* 'Speciosa'	*1 plant*
2 *Sedum spectabile*	*1 plant*
3 *Heuchera* 'Plum Pudding'	*1 plant*
Terre végétale, terreau et tourbe	

Des plantes déjà bien développées en pot ou en conteneur, en début de floraison, produisent davantage d'effet.

Quel pot choisir

Bac en pin traité à cœur. L et l : 44 cm, P : 27 cm. Ces dimensions confortables sont nécessaires pour le bon développement des plantes vivaces.

La plantation

Septembre. Soleil ou mi-ombre. Placez la plante la plus haute (le rudbéckia) sur l'arrière-plan du bac, répartissez ensuite le sédum et l'heuchéra sur la façade. Les plantes achetées en fleurs doivent être manipulées délicatement mais reprennent sans problème. Une demi-heure avant la plantation, faites tremper le pot ou le conteneur dans un seau d'eau pour humidifier parfaitement la motte de terre.

L'entretien

Arrosez régulièrement pour maintenir la terre humide. Même s'il pleut, les plantes peuvent manquer d'eau, leur feuillage formant une sorte de parapluie au-dessus de la terre. Coupez les fleurs fanées en novembre. Apport d'engrais organique au début du printemps.

L'évolution du décor

Les trois espèces de cette composition sont vivaces. Le sédum refleurit tous les ans à partir du mois de septembre, le rudbéckia commence dès le mois d'août. Leur feuillage habille le bac en permanence. Les feuilles pourpres de l'heuchéra restent décoratives toute l'année, même en hiver. Environ 3 ans après la plantation, prévoyez un rempotage et une division des plantes pour les rajeunir.

1 *Le fond du bac étant ajouré, tapissez-le avec un feutre de drainage imputrescible.*

2 *Étalez des billes d'argile sur environ 3 cm d'épaisseur.*

3 *Couvrez-les avec un morceau de feutre de drainage. Remplissez le bac à moitié avec le mélange de terre.*

4 *Sortez les plantes de leur pot sans casser la motte de terre. Griffez les racines en surface. Enterrez la motte sous 2 cm de terre.*

5 *Tassez au pied des plantes, comblez de terre les interstices entre les: mottes et arrosez en douceur.*

La légèreté des coréopsis

Les petites corolles jaune d'or des coréopsis peuvent paraître banales au premier coup d'œil. Mais dans une jardinière, associées à des chrysanthèmes miniatures, elles semblent prendre leur envol. Comme toujours, le contraste des formes et des silhouettes est payant.

FLORAISON : DE SEPTEMBRE À NOVEMBRE

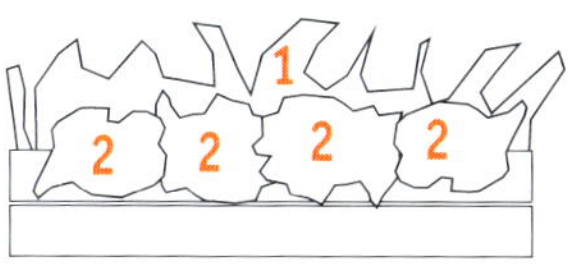

Vos achats

1 *Coreopsis lanceolata*	*5 plants*
2 Chrysanthème	*4 plants*
Terreau	

Quel pot choisir

Jardinière en plastique vendue avec support métallique. L : 65 cm, l : 18 cm, P : 19 cm.

La plantation

Fin août-début septembre. Soleil. Répartissez un lit de billes d'argile au fond de la jardinière, recouvert d'un feutre de drainage. Sortez les plantes de leur godet, sans abîmer la motte. Installez les coréopsis, en ligne, sur l'arrière-plan de la jardinière. Placez ensuite les chrysanthèmes (marguerites d'automne). Terminez par un arrosage.

L'entretien

Éliminez les fleurs fanées au fur et à mesure.

L'évolution du décor

Les plants fleuris ont été achetés début septembre pour remplacer le décor fané d'une jardinière estivale. Après la floraison, les coréopsis peuvent rester en place et refleurir les années suivantes à partir du mois de juin ou juillet. Dans ce cas, pensez à les diviser d'ici 2 ou 3 ans. Plus fragiles, les chrysanthèmes risquent de geler. Ils peuvent être remplacés par des pensées ou des giroflées qui s'épanouiront dès le prochain printemps.

Sous les soleils exactement

FLORAISON : DE MI-AOÛT À FIN SEPTEMBRE

Avec les tournesols, c'est un petit rayon de soleil qui vient réchauffer le balcon au moment où les premières fraîcheurs matinales s'installent.

ZOOM

La palette des variétés de tournesols d'ornement est beaucoup plus riche et variée qu'on l'imagine. Parmi nos préférées : 'Taiyo' pour ses fleurs simples à large disque central brun foncé et 'Soleil Orange' (ci-dessous), avec des fleurs doubles sans cœur apparent. Ces deux variétés se comportent très bien en pot.

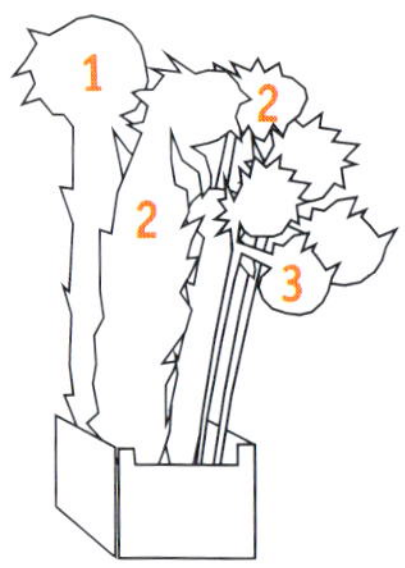

Vos achats

1 Tournesol à fleurs doubles 'Soleil Orange'	*graines*
2 Tournesol 'Moonwalker'	*graines*
3 Tournesol 'Taiyo'	*graines*

Mélange de terre de jardin et de tourbe ou terreau

Tuteurs en bambou d'environ 2 m de hauteur

Quel pot choisir

En terre cuite ou en plastique, le plus profond possible (40 cm). Les tournesols ont absolument besoin d'un bon volume de terre pour ancrer leurs longues racines. Une poubelle enrobée de canisses peut aussi faire l'affaire.

Le semis et la plantation

Avril-mai. Soleil ou mi-ombre. À l'abri du vent. En avril, semez les tournesols à la maison dans des petits godets en plastique ou en tourbe. Installez les jeunes plants dans leur pot sur le balcon à partir du 15 mai. On peut aussi semer en mai, directement en place. N'hésitez pas à semer plusieurs variétés différentes. Les graines non utilisées peuvent être conservées pendant 2 à 3 ans.

L'entretien

Arrosez copieusement et très régulièrement, car au moindre oubli les tournesols piquent du nez. Après un bon trempage, il faut dire qu'ils ressuscitent aussi facilement. À partir du mois de juin, nourrissez-les avec un engrais soluble pour plantes fleuries ou géraniums. Surveillez les attaques de mouches blanches. Pensez à tuteurer les tiges au fur et à mesure de leur développement pour éviter la casse en cas de vent. En fin de croissance, elles atteignent entre 1,50 et 2 m de hauteur.

L'évolution du décor

Avant la floraison, les tournesols sont peu intéressants. Laissez-les grandir sur un fond de verdure (ici, un jasmin d'hiver palissé), ils seront plus discrets. Pour retarder la floraison et l'étaler sur toute l'arrière-saison, faites des semis tardifs – fin mai – ou pincez les tiges en juillet. Après la floraison, laissez les graines se former pour attirer les oiseaux. Vous pouvez aussi les récupérer et les ressemer au printemps prochain. Fin octobre, arrachez les tournesols, changez la terre et remplacez par des bulbes à floraison printanière.

Préférez les tournesols nains pour fleurir une fenêtre ou si votre balcon est exposé au vent. Ils ne dépassent pas 25 à 50 cm de hauteur et leurs tiges sont très solides. On les trouve facilement en plants fleuris dans les jardineries ou sur les marchés.

L'heure du thé, un après-midi d'automne au balcon. La douce lumière d'arrière-saison révèle les couleurs dorées des bidens accrochés sur la rambarde, des dahlias et des petits tournesols.

Vive les rudbéckias

FLORAISON : D'AOÛT À OCTOBRE

Avec leurs gros cœurs brun foncé et leurs corolles jaune d'or, ces marguerites d'arrière-saison jouent sur le même registre de couleurs que les tournesols mais avec plus de volume et moins de démesure.

Une lasure de couleur ou une peinture microporeuse bleue suffit pour personnaliser un simple pot en terre cuite et valoriser la tonalité chaleureuse des rudbéckias.

Vos achats

1 *Rudbeckia fulgida*	*2 plants*
2 *Helichrysum petiolare* panaché	*1 plant*

Mélange de terre de jardin et de tourbe brune ou terreau

Quel pot choisir

Bac en teck carré, L et l : 40 cm, P : 40 cm, style orangerie. La couleur chaleureuse du bois s'harmonise bien avec la tonalité des rudbéckias. La terre cuite est également un bon faire-valoir.

La plantation

Avril-mai ou début septembre. Soleil. On peut démarrer cette composition en avril ou mai avec de jeunes plants en godet. Dans ce cas, les rudbéckias commencent à s'épanouir dès le mois d'août. On peut aussi installer des plants fleuris en conteneur en septembre, pour un effet immédiat. Cette solution permet de remplacer une jardinière à bout de souffle, au retour des vacances.

L'entretien

Les rudbéckias souffrent facilement du manque d'arrosage. Mouillez-les au pied et copieusement pour ne pas écourter la durée de floraison. Taillez les extrémités des pousses de l'hélichrysum pour le forcer à se ramifier.

ZOOM

Avec son port très compact, ses larges corolles jaune d'or, *Rudbeckia hirta* 'Toto' devrait faire un malheur dans les jardinières. Cette nouvelle variété est annuelle.

L'évolution du décor

Les rudbéckias vivaces peuvent rester en place dans le même bac pendant plusieurs années. Il existe aussi des rudbéckias annuels que l'on jette en fin de saison, mais qui permettent de changer de décor plus souvent. Gélif, l'hélichrysum doit être arraché avant l'hiver, rempoté et conservé à l'abri du froid.

Osez les dahlias

C'est un vrai bonheur de voir ces grandes fleurs ébouriffées exposer leur bonne mine colorée par-dessus la rambarde du balcon. De quoi faire pâlir de jalousie les voisins d'en face !

Ces dahlias cactus 'Gold Crown' ont été achetés en potée fleurie début septembre. Installés dans un bac en bois avec à leur pied un Helichrysum petiolare *panaché (à gauche) et un heuchéra à feuilles pourpres (à droite), on peut en profiter tout de suite. Avec leurs complices les volubilis et les rudbéckias, ils illumineront le balcon jusqu'aux premiers frimas.*

Vos achats

1 Dahlia type décoratif — *1 tubercule par pot*

2 Dahlia type cactus — *1 tubercule par pot*

3 Tabac d'ornement — *3 plants par pot*

Terre de jardin enrichie avec du terreau et de la tourbe

1 tuteur en bambou de 1,20 m de hauteur par dahlia

Quel pot choisir

Il est préférable de cultiver un seul pied de dahlia dans un pot individuel de bonne dimension (40 cm de diamètre), en terre cuite ou dans un autre matériau de votre choix.

La plantation

Avril. Soleil. Creusez un trou d'environ 15 cm de profondeur au centre du pot. Enfoncez d'abord le tuteur puis installez le tubercule. Recouvrez-le d'environ 10 cm de bonne terre. Lorsque les risques de gel sont écartés (avril ou mai), plantez les tabacs d'ornement sur le pourtour du pot. Pour un effet immédiat, vous pouvez acheter des dahlias fleuris en conteneur pendant tout l'été.

L'entretien

Dès la sortie des jeunes pousses des dahlias, épandez des granulés antilimaces. Attachez les tiges sur le tuteur avec souplesse et discrétion. Arrosez régulièrement, sans laisser souffrir la végétation. À partir du mois de mai, faites des apports d'engrais soluble. Surveillez les attaques de pucerons. Dirigez les tabacs pour qu'ils habillent la terre au pied du dahlia et retombent sur les bords du pot. Supprimez les fleurs fanées des dahlias au fur et à mesure.

L'évolution du décor

Les tabacs étant annuels, ils seront arrachés puis jetés après la floraison. Le dahlia, en revanche, peut être conservé d'une année sur l'autre, en le faisant hiverner au sec, dans une cave ou une remise, à l'abri du gel. Les tubercules seront simplement installés dans une caissette de tourbe.

Des cosmos dans le vent

La simplicité joyeuse de ces annuelles aux allures champêtres fait le bonheur des jardiniers insouciants. Leur culture en pot est facile, généreuse et de très longue durée.

FLORAISON : D'AOÛT À NOVEMBRE

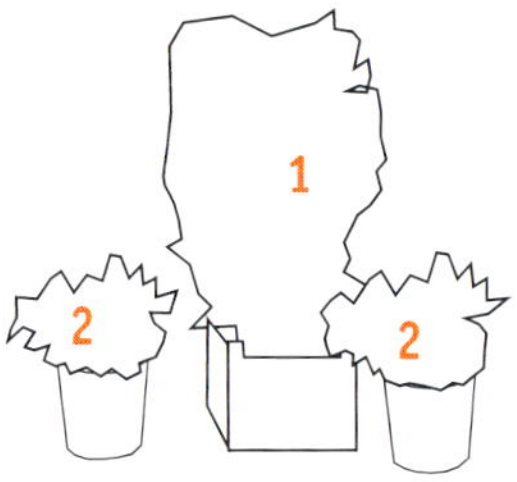

Vos achats

1 Cosmos annuel	*graines*
2 *Sedum spectabile*	*1 plant par pot*
Terre de jardin ou végétale mélangée à du terreau	

Évitez le terreau pur, sinon le cosmos pousse davantage en feuilles et donne moins de fleurs.

Quel pot choisir

Pour les cosmos, bac en plastique avec habillage en bois (notre photo) ou grand pot en terre cuite. P : 30 à 40 cm. Pour les sédums, pot en terre cuite ou jardinière de 25 cm de profondeur.

Le semis et la plantation

Semis : avril-mai-juin. Soleil ou mi-ombre. Semez les cosmos directement en place dans le bac ou le pot. Leurs grosses graines sont faciles à repérer et peuvent ainsi être éparpillées sans faire de paquets. Recouvertes d'une fine pellicule de terreau, elles germent rapidement et sans histoire. Installez les sédums au début de leur floraison, en septembre.

L'entretien

Arrosez et coupez au fur et à mesure les fleurs fanées des cosmos. C'est tout.

L'évolution du décor

La longue floraison des cosmos est saisonnière mais c'est vraiment l'une des dernières à lâcher la rampe, en novembre. Les sédums sont vivaces avec un feuillage persistant et d'une grande longévité.

Un parfum de chocolat

FLORAISON : D'AOÛT À FIN OCTOBRE

Difficile de résister au cosmos chocolat, *Cosmos atrosanguineus*, proposé depuis peu dans le commerce. Ses pétales veloutés couleur chocolat et ses effluves de cacao font craquer tous les jardiniers. Par bonheur, il s'apprivoise très bien en pot.

ZOOM

Au balcon ou sur la fenêtre, vous pourrez admirer de près le velouté sombre des pétales du *Cosmos atrosanguineus*. Pensez aussi à plonger votre nez au cœur de ses corolles pour déguster leurs doux effluves chocolatés.

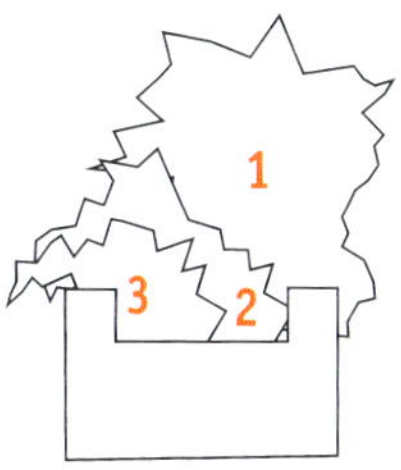

Vos achats

1 *Cosmos atrosanguineus*	*1 plant*
2 *Ophiopogon* 'Nigrescens'	*2 plants*
3 *Ajuga reptans* 'Atropurpurea'	*1 plant*

Terre végétale ou terre de jardin légère enrichie avec du terreau

Quel pot choisir

Une belle vasque ronde et dodue, en terre cuite. P : 35 cm. Un bac en bois convient également. Pour s'harmoniser avec les teintes profondes et sombres de ces plantations, le contenant doit être choisi dans des coloris doux et chaleureux.

La plantation

Avril à juin. Mi-ombre. Installez d'abord la touffe de cosmos légèrement vers l'arrière. Au pied, disposez les 2 plants d'ophiopogon et l'ajuga sur le bord du pot.

L'entretien

Arrosez régulièrement et modérément. Coupez les fleurs fanées du cosmos. Épandez des granulés antilimaces par temps pluvieux.

L'évolution du décor

Cette composition de fleurs et de feuillage presque noirs prend toute son ampleur à la fin de l'été et durant tout l'automne. Le cosmos chocolat n'est pas annuel, mais il craint le gel. Sa souche tubéreuse, comparable à celle du dahlia, peut être arrachée et conservée durant l'hiver dans une cave. Fin octobre, vous pourrez le remplacer par des bulbes de tulipes ou de narcisses. L'ophiopogon et l'ajuga sont des plantes vivaces, couvre-sol, à feuillage persistant. Elles peuvent rester en pot plusieurs années.

Mariées avec des choux

FLORAISON : DE SEPTEMBRE À NOVEMBRE

Les délicats camaïeux roses et verts des choux d'ornement s'harmonisent avec bonheur aux teintes nuancées et plus soutenues des marguerites d'automne. N'hésitez pas à mettre le nez à la fenêtre lorsque le givre viendra joliment ourler les frisures de leur feuillage.

Vos achats

1 Chrysanthème hybride à petites fleurs	*6 plants*
2 Chou d'ornement	*2 plants*
Terreau et tourbe brune	

Quel pot choisir

Jardinière en osier. L : 60 cm, l : 18 cm, P : 15 cm. L'intérieur est doublé d'un film en plastique pour protéger l'osier de l'humidité du terreau.

La plantation

Septembre-octobre. Soleil ou mi-ombre. Remplissez la jardinière aux 3/4 avec le terreau. Disposez les chrysanthèmes en les regroupant par couleurs. Orientez les choux légèrement en biais vers le rebord de la jardinière. Comblez de terreau les espaces libres, et tassez.

L'entretien

Aucun. Évitez simplement les arrosages trop copieux, les choux étant sensibles à la pourriture.

L'évolution du décor

Cette jardinière peut être installée sur la rambarde du balcon ou sur un rebord de fenêtre. Remplacez les marguerites d'automne dès la fin de leur floraison (novembre) par des bruyères ou des mini-cyclamens. Les choux persistent tout l'hiver.

IDÉE CONSEIL

Lorsque vous achèterez vos choux décoratifs et vos marguerites d'automne, pensez à les placer côte à côte pour vérifier que les plants sont à peu près de la même hauteur et que les couleurs se marient bien.

Démarrez la mise en place des plantes sur une des extrémités de la jardinière et poursuivez en intercalant chrysanthèmes et choux d'ornement.

Des floraisons en or

FLORAISON : DE SEPTEMBRE À NOVEMBRE

Éblouissantes et chaleureuses, les potées de chrysanthèmes à petites fleurs peuvent être mises en scène très simplement dans d'élégantes terres cuites placées à différents niveaux.

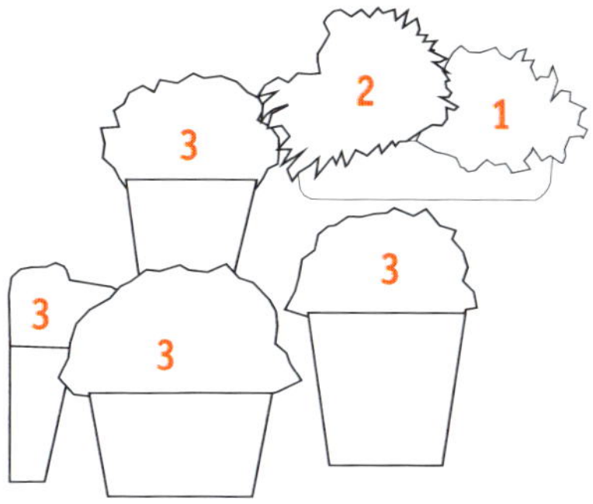

Vos achats

1 Chrysanthème hybride	*4 petits plants*
2 *Helichrysum petiolare* argenté	*1 plant*
3 Chrysanthème hybride	*4 potées*

Terreau et tourbe brune

Supports (sellette, petite table, pot retourné) pour surélever les potées

Quel pot choisir

Jardinière (L : 50 cm, l : 17 cm, P : 15 cm), pot fantaisie (D : 30 cm, P : 38 cm), pot classique (D : 35 cm, P : 28 cm). La terre cuite est idéale pour révéler la tonalité chaleureuse des marguerites d'automne.

La plantation

Septembre. Soleil ou mi-ombre. Faites tremper les pots de chrysanthème de façon à hydrater parfaitement la motte de terre avant la plantation. Enterrez cette dernière 2 à 3 cm sous le niveau du terreau.

L'entretien

Coupez les fleurs fanées en les pinçant avec l'ongle ou en utilisant une petite cisaille. Cela favorise l'ouverture des boutons situés un peu plus bas sur les tiges. Arrosez régulièrement, même s'il pleut.

▶ L'évolution du décor

Dès le mois de septembre, les marguerites d'automne succèdent aux floraisons estivales sur le déclin. Elles cessent de s'épanouir en novembre, voire décembre, avec l'apparition des premières gelées. Vous pourrez alors tailler les rameaux à environ 15 cm de hauteur et couvrir la souche de tourbe ou de paille. Les marguerites d'automne sont vivaces, mais on peut bien sûr les utiliser de façon saisonnière et changer de décor après leur déclin.

1 Après avoir ôté le conteneur d'origine, installez le chrysanthème bien au centre du pot en terre cuite.

2 Relevez les rameaux et versez l'eau en douceur sur tout le pourtour du pot.

Le bleu des volubilis

FLORAISON : D'AOÛT À OCTOBRE

Sur un balcon ou dans l'encadrement d'une fenêtre, les plantes grimpantes ont l'avantage de créer rapidement une ambiance foisonnante sans prendre beaucoup de place.

IDÉE CONSEIL

Certaines espèces dociles, comme *Solanum rantonnetii*, se laissent tranquillement diriger sur toutes sortes de supports : rambarde du balcon, fils de fer tendus, treillage, tuteur en bambou... Prenez la peine de protéger l'extrémité de ce dernier avec un capuchon décoratif en céramique, une balle de tennis, un bouchon... Vous éviterez ainsi de vous blesser en vous penchant au-dessus du tuteur.

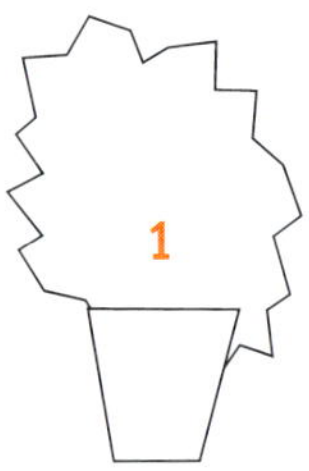

Vos achats

1 Ipomée (volubilis) 'Saphir' ou 'Bleu d'Azur'	*graines*
Grillage à mailles soudées et plastifiées de 1 x 1,20 m	
Terreau	

Quel pot choisir

Une belle terre cuite, lourde et profonde (D : 45 cm, P : 38 cm) pour assurer une bonne stabilité au support en grillage.

Le semis et la plantation

Soleil ou mi-ombre. En avril, faites germer les graines dans des petits godets en tourbe ou en plastique, à la maison ou sous une mini-serre de balcon. Formez un cylindre avec le morceau de grillage et glissez-le à l'intérieur du pot avant de le remplir de terre. Installez les plants à partir du 15 mai, tous les 20 cm, sur le pourtour du pot. On peut aussi semer directement en place à partir de la mi-mai.

L'entretien

Les volubilis se débrouillent tout seuls pour se lancer à l'assaut du support et ne demandent aucun soin particulier. Ils sont résistants aux parasites.

L'évolution du décor

Les tiges volubiles parviennent au sommet du grillage vers la mi-août puis retombent en cascade avec beaucoup de grâce. Chaque fleur dure seulement 1 à 2 jours, mais le renouvellement est continuel. L'ipomée est annuelle. Ses graines peuvent être récoltées en fin de saison pour l'année suivante. Pendant la durée de la floraison, installez votre petit salon bleu derrière votre rempart de volubilis. Leur feuillage en forme de cœur illuminé de larges trompettes azurées vous protégera en beauté des regards indiscrets.

Un côté rétro

FLORAISON : DE SEPTEMBRE À OCTOBRE

La bruyère est incontestablement une floraison « star » de l'automne. Ses couleurs vieux rose et sa silhouette érigée méritent un petit effort de mise en scène, dans une vasque au style rétro.

1 Déposez 1 ou 2 poignées de billes d'argile au fond de la vasque. Recouvrez avec un petit morceau de feutre de drainage.

2 Remplissez de terreau les 3/4 de la vasque.

3 Sortez la bruyère de son pot d'origine en veillant à ne pas abîmer la motte de terre. Plantez-la à l'arrière de la vasque.

4 Disposez les 2 lierres en façade et répartissez leur feuillage le plus naturellement possible.

5 Finissez de remplir la vasque avec du terreau. Tassez entre les mottes et terminez par un arrosage.

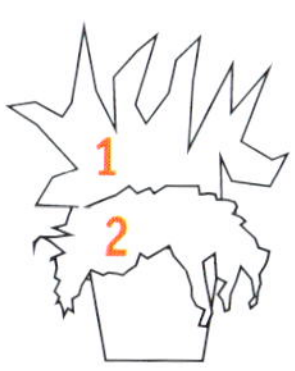

Vos achats

1 Bruyère dite de la Toussaint (*Erica gracilis*)	*1 plant*
2 Lierre à petites feuilles panachées	*2 plants*
Terre de bruyère, terreau ou tourbe	

Quel pot choisir

Vase style Médicis en fonte. H : 30 cm, D : 18 cm. Noire à l'origine, la fonte prend rapidement de belles nuances rouille.

La plantation

Septembre. Soleil ou mi-ombre. La bruyère vendue en pot ou en conteneur peut être installée en pleine floraison, pour un effet immédiat. Pensez à faire tremper la motte de terre dans une cuvette d'eau pour l'hydrater en profondeur avant la plantation.

L'entretien

Aucun.

L'évolution du décor

Pour mettre en valeur cette vasque romantique, posez-la sur une sellette ou une table basse en zellige (céramique de style marocain). Elle illuminera un coin du balcon jusqu'à l'arrière-saison. Toutefois, la bruyère de la Toussaint est une espèce relativement fragile qui craint le gel. Après la floraison, arrachez-la et remplacez-la par une belle floraison hivernale : cyclamen, skimmia... Gardez les lierres pour d'autres plantations.

Variation dans une jardinière

Dans une jardinière d'été qui commençait à décliner, des bruyères automnales sont venues sauver la mise avec brio. Encore vaillants, les feuillages panachés qui cascadaient joliment en compagnie de géraniums blancs ont été conservés. Leur port retombant souligne la silhouette élancée des bruyères.

FLORAISON : DE SEPTEMBRE À NOVEMBRE

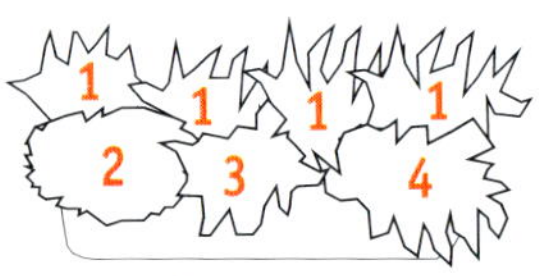

Vos achats

1 Bruyère de la Toussaint	*4 plants*
2 *Plectranthus coleoides* 'Marginatus'	*1 plant*
3 Géranium zonale à fleurs blanches	*2 plants*
4 *Helichrysum petiolare* argenté	*2 plants*
Terreau	

Quel pot choisir

Pour obtenir cet effet de couleur et ces volumes généreux, réunissez au minimum 2 jardinières. L : 50 cm, P : 15 cm. Ces modèles en terre cuite sont vendus avec les supports métalliques à accrocher sur une rambarde de balcon.

La plantation

Septembre-octobre. Soleil ou mi-ombre. Arrachez les fleurs d'été fanées. Avec un transplantoir, formez un trou de plantation d'environ 10 cm de diamètre. Placez-y les bruyères et rebouchez avec du terreau neuf. Dirigez les rameaux souples des feuillages retombants de manière à masquer complètement la terre et les bords de la jardinière.

L'entretien

Aucun.

L'évolution du décor

Les feuillages retombants au premier plan des jardinières et les géraniums blancs ont été mis en place au mois de mai en compagnie de fleurs d'été (anthémis, pétunia...). En septembre, remplacez ces dernières par les bruyères pour prolonger l'attrait des jardinières jusqu'aux premiers grands froids.

IDÉE CONSEIL

En début d'automne, les jardineries proposent des compositions de bruyères comprenant 3 ou 4 variétés différentes. On peut en profiter telles quelles ou les installer dans un bac plus confortable. Moins fragiles que la bruyère de la Toussaint, ces espèces (*Erica carnea* et *E.* x *darleyensis*) résistent bien au froid et peuvent refleurir de nombreuses années sur un balcon, sans aucune protection hivernale.

Les jardinières de bruyères et de feuillages accrochées sur la rambarde du balcon forment une sorte d'écrin protecteur. De nombreuses floraisons automnales peuvent les accompagner : Sedum spectabile, *chrysanthème, anémone du Japon*... Elles ont été choisies dans des coloris roses ou blancs pour cultiver une atmosphère douce et reposante.

Les plantes de votre balcon d'automne

Difficile de résister au choix attrayant proposé dans les jardineries ou chez les pépiniéristes dès la fin de l'été. Les fleurs aux couleurs chaudes d'arrière-saison, les premiers feuillages rougissants et les baies décoratives sont autant de tentations pour les jardiniers urbains désirant créer un décor vivant et varié sous leurs fenêtres. Inutile de résister, la plupart de ces plantes peuvent être installées dans les jardinières et les bacs, même en pleine floraison. Effet immédiat garanti.

AJUGA REPTANS

Une couverture nuancée

Plante vivace. H : 15 cm.

Intérêts : forme rapidement un tapis de feuillage coloré et persistant pour masquer la terre au pied de plantes à port dressé. Fleurs bleu violacé en été.

Notre choix : 'Burgundy Glow' pour ses feuilles tricolores, rose, mauve et vert pâle.

Prévoir : protection contre les limaces.

Associations : *Cosmos atrosanguineus*, anémone du Japon, nérine...

ANÉMONE DU JAPON

Un naturel gracieux

Plante vivace. H : 60 à 80 cm.

Intérêts : fleurs légères, vieux rose, évoquant les jardins de grands-mères. Sans interruption de fin août à octobre.

Notre choix : les variétés 'September Charm' et 'Splendens' s'épanouissent très longtemps.

Prévoir : la souche étant drageonnante, ne plantez qu'un seul pied dans un grand pot. Protection hivernale.

Associations : *Sedum spectabile*, gaura rose, heuchéra, tabac d'ornement...

supporte une petite période de sécheresse

laissez sécher la terre en surface entre 2 arrosages

terre fraîche en permanence

plantes avides d'humidité

soleil

mi-ombre

ombre

ASTER

Durée et légèreté

Plante vivace. H : 50 cm à 1 m.

Intérêts : coloris très variés, nuancés, pastel, en harmonie avec la chaude lumière automnale. Floraison massive très spectaculaire.

Notre choix : *Aster dumosus, A. novi-belgii* et *A. novae-angliae* pour leurs fleurs étoilées, *Aster ericoides* pour sa floraison en brouillard.

Prévoir : à cultiver de préférence seul dans un grand pot. Touffes à diviser tous les 3 à 4 ans.

Associations : graminées, différentes variétés d'asters entre elles.

BRUYÈRE

Une touche de couleur

Plante vivace. H : 25 à 40 cm.

Intérêts : floraison éblouissante, feuillage persistant décoratif. Idéale pour remplacer les fleurs estivales fanées.

Notre choix : bruyère de la Toussaint (port élancé, non rustique), *Erica carnea* et *E.* x *darleyensis* (plus tapissantes, rustiques).

Prévoir : mélange terre de bruyère et tourbe. Taille des tiges fanées.

Associations : azalée, piéris, skimmia, différentes variétés de bruyères entre elles.

CAMÉLIA D'AUTOMNE

Une floraison ravissante

Arbuste. H : 1,20 m.

Intérêts : fleurs simples rose nuancé durant tout l'automne. Parfum agréable. Feuillage vert foncé persistant. Peut être taillé ou dirigé contre un mur ou un écran.

Notre choix : *Camellia sasanqua* 'Plantation Pink', 'Rainbow' ou 'Versicolor', *Camellia vernalis* 'Yuletide'.

Prévoir : terre de bruyère et tourbe. Exposition ensoleillée mais non brûlante. Protection hivernale du pot.

Associations : bruyère, cyclamen de Naples, sternbergia...

Quand acheter les plantes d'automne

Avril : *graines de fleurs annuelles (cosmos, ipomée, tournesol...), bulbes à floraison tardive (eucomis, nérine...).*

De fin août à septembre : *plantes vivaces en conteneur au début de leur floraison, bulbes de crocus d'automne et de colchiques, dahlias en conteneur.*

Septembre-octobre : *arbustes, marguerites d'automne.*

CHOU D'ORNEMENT

Des couleurs et des textures

Plante bisannuelle. H : 25 cm.

Intérêts : pour le plaisir des yeux uniquement. Feuillage frisé aussi spectaculaire qu'une floraison. Tient jusqu'en plein hiver.

Notre choix : coloris variés et lumineux (rose, blanc, vert, jaune pâle, violet...).

Prévoir : terre végétale et terreau. Pot bien drainé. Emplacement abrité. Protection contre les limaces.

Associations : bruyère de la Toussaint, marguerite d'automne, *Sedum spectabile*, arbustes à feuillage coloré ou à baies décoratives.

CHRYSANTHÈME

Une floraison éblouissante

Plante vivace. H : 40 à 60 cm.

Intérêts : des petites fleurs par milliers du début de l'automne jusqu'en hiver. Des coloris superbes et chaleureux, mordorés, jaune d'or, blanc laiteux, rose vif... Nuances évoluant en fonction du froid.

Notre choix : les variétés à petites fleurs surnommées marguerites d'automne sont plus légères et plus gaies que celles à grosses fleurs cultivées pour la Toussaint.

Prévoir : terreau. Après la floraison, taillez et rentrez les pots sous abri hors gel.

Associations : anémone du Japon, aster, rudbéckia, *Sedum spectabile*, graminées, arbustes à feuillage coloré.

COLCHIQUE

Surprise d'automne

Plante bulbeuse. H : 15 à 25 cm.

Intérêts : les fleurs s'épanouissent immédiatement après la plantation, du 15 août au 15 septembre. Floraison prenant de l'ampleur au fil des années.

Notre choix : 'The Giant', à très grandes fleurs, 'Lilac Wonder', aux corolles rose lilas, et 'Waterlily', aux fleurs doubles.

Prévoir : grand pot ou jardinière de 30 cm de profondeur environ. Terre végétale et terreau. Le feuillage se développe le printemps suivant puis disparaît en été.

Associations : *Ajuga reptans*, heuchéra, lamier panaché, impatiens, arbustes à port dressé.

REPÈRES

Certaines plantes à floraison automnale commencent à s'épanouir dès l'été. Pour les prolonger le plus longtemps possible en arrière-saison, supprimez très régulièrement les fleurs fanées et ne les laissez jamais souffrir d'un manque d'eau. Si vous vous absentez pendant les vacances, n'hésitez pas à les tailler (cosmos, dahlia, géranium...) avant votre départ. Vous les retrouverez au tout début de leur seconde vague de floraison.

CORÉOPSIS

Lumineux et tonique

Plante vivace. H : 25 à 40 cm.
Intérêts : fleurs jaune d'or en été et tout l'automne.
Notre choix : *Coreopsis grandiflora* 'Early Sunrise', à fleurs doubles et à port compact, *Coreopsis lanceolata*, à petites fleurs simples, très nombreuses, *Coreopsis* 'Flying Saucers', nouvelle variété aux fleurs en forme de soucoupe.
Prévoir : terreau allégé avec des petites billes d'argile. Division des touffes tous les 2 ou 3 ans.
Associations : chrysanthème, cératostigma (fleurs bleues et feuillage pourpre en automne), *Aster dumosus* 'Blue Baby'.

COSMOS ANNUEL

Aérien et increvable

Plante annuelle. H : 50 cm à 1,50 m.
Intérêts : floraison décontractée, coloris variés et lumineux, sans arrêt de juillet-août à fin octobre. Feuillage léger.
Notre choix : *Cosmos* 'Sonata', à port compact (60 cm) et à grandes fleurs blanc pur, roses ou en mélange. *Cosmos sulphureus*, à petites fleurs orangées.
Prévoir : semis des graines en place en avril-mai dans un terreau bien drainé. Pincez les tiges pour qu'elles se ramifient. Balcon abrité du vent.
Associations : à cultiver seul dans un grand pot, en compagnie de graminées, aster, verveine, tabac ou dahlia.

COSMOS CHOCOLAT

La couleur pourpre

Plante à tubercule. H : 50 cm.
Intérêts : corolles veloutées couleur chocolat répandant un agréable parfum de cacao. Floraison tardive, jusqu'en octobre.
Notre choix : vous ne pouvez pas le confondre avec ses cousins, les cosmos annuels.
Prévoir : achat en potée fleurie en juin-juillet. Sous les climats gélifs, arrachez le tubercule avant l'hiver et stockez-le à l'abri du gel.
Associations : ajuga, ophiopogon, *Stachys lanata*, tabac à fleurs rose.

COTONÉASTER

Feuillage et baies colorées

Arbuste. H : 40 cm à 1,50 m.
Intérêts : feuillage décoratif, baies rouges jusqu'en hiver, floraison printanière.
Notre choix : *Cotoneaster horizontalis*, caduc à belle coloration automnale, *Cotoneaster dammeri* et *C. franchetii*, à feuillage persistant.
Prévoir : contenant profond (30 à 40 cm). Mélange terre de jardin et terreau. Tailles régulières pour limiter la croissance.
Associations : de préférence seul dans un bac, en compagnie de graminées, santoline, lavande ou armoise.

DAHLIA

Un joyeux drille

Plante à tubercule. H : 40 cm à 1,20 m.
Intérêts : formes et couleurs variées. Longue floraison jusqu'en octobre.
Notre choix : dahlias nains 'Centerfield' (saumon) et 'Bluesette' (rose). Dahlia cactus, dahlia pompon. À éviter : le mélange excessif de couleurs différentes et les variétés à fleurs géantes.
Prévoir : plantation du tubercule en avril ou achat en potée déjà fleurie de juillet à septembre. Terre végétale ou terreau enrichi avec un amendement organique. Tuteurs. Arrachage et hivernage du tubercule avant l'hiver.
Associations : seul dans un grand pot ou en compagnie de tabac, cosmos, chou d'ornement.

EUCOMIS

La fleur ananas

Plante bulbeuse. H : 20 à 70 cm.
Intérêts : fleurs dressées en forme d'ananas, d'août à octobre. Feuillage décoratif. Potée originale et facile.
Notre choix : *Eucomis bicolor*, à très grosses fleurs verte et rose, *Eucomis autumnalis*, à fleurs blanches.
Prévoir : plantation des bulbes en avril dans un mélange de terre végétale et de terreau bien drainé.
Associations : évitez les mélanges. Plantez plusieurs bulbes de la même variété dans une jardinière ou 1 seul dans un pot de 20 cm de diamètre.

GRAMINÉE

Légère et naturelle

Plante vivace. H : 60 cm à 1 m.
Intérêts : feuillage ample et décoratif prenant de belles colorations automnales. Décoratif en hiver. Floraison en épis aériens d'août à novembre.
Notre choix : *Pennisetum alopecuroides* (épis très doux), *Stipa tenuifolia* (feuillage fin comme des cheveux).
Prévoir : un seul pied dans un grand pot. Attention aux allergies.
Associations : autres graminées, aster, chrysanthème, cosmos.

HEUCHÉRA

Un feuillage pourpre

Plante vivace. H : 20 cm.
Intérêts : coussin de feuillage coloré, raffiné, décoratif même en hiver. Idéal pour masquer la terre. Petites fleurs roses de mai à août.
Notre choix : variétés 'Plum Pudding' et 'Peter Moon', pourpres à reflets argentés, 'Palace Purple', pourpre chocolat.
Prévoir : arrosages plus fréquents si la potée est exposée au soleil.
Associations : anémone du Japon, aster, coréopsis, marguerite d'automne, *Sedum spectabile*, *Tricyrtis hirta*.

IPOMÉE

Volubile et colorée

Plante annuelle grimpante. H : 3 m.
Intérêts : forme rapidement un écran de charme avec des fleurs se renouvelant sans arrêt d'août à octobre.
Notre choix : ipomée (volubilis) en mélange de couleurs ou à fleurs uniquement bleues comme 'Saphir' ou 'Bleu d'Azur'.
Prévoir : un support tel que grillage dans le pot, grille de balcon, treillage ou fils de fer tendus. Semis en avril-mai. À l'ombre, les fleurs restent fermées.
Associations : cultivez-la de préférence seule dans un grand pot, avec à ses côtés des potées de caryoptéris, bidens ou rudbéckia.

MINA LOBATA

Plumes d'indien

Plante annuelle grimpante. H : 3 m.
Intérêts : longue floraison du milieu de l'été jusqu'en fin d'automne. Effet chaleureux et léger.
Notre choix : une seule variété aux fleurs jaune orangé et crème est proposée.
Prévoir : semis des graines en avril. Plantation en juin dans un grand pot, au pied d'une rambarde ou d'un treillage. Balcon à l'ombre ou venté s'abstenir.
Associations : installez dans les potées voisines des fleurs jaunes ou orangées (aster, chrysanthème, rudbéckia...).

NÉRINE

Généreuse et raffinée

Plante bulbeuse. H : 50 cm.
Intérêts : grandes fleurs aériennes de septembre à novembre.
Notre choix : *Nerine bowdenii* 'Pink Triumph', à grandes fleurs rose vif, *Nerine flexuosa* 'Alba', blanc pur.
Prévoir : mélange terre et terreau bien drainé. Plantation en avril. Protection hivernale.
Associations : seule dans un pot, en compagnie d'autres fleurs à dominante rose (aster, anémone du Japon, bruyère, *Sedum spectabile*) et de feuillages décoratifs.

OPHIOPOGON

Un couvre-sol coloré

Plante vivace. H : 20 cm.
Intérêts : feuillage persistant en touffe, pour habiller la terre au pied des plantes dénudées à la base.
Notre choix : *Ophiopogon japonicus* (feuillage vert uni), *O. jaburan* 'Variegatus' (panaché), *O.* 'Nigrescens' (noir lustré).
Prévoir : mélange terre de bruyère et terreau bien drainé. Utilisez-le pour créer des contrastes de couleurs. Craint les grands froids.
Associations : cosmos chocolat, rosier, dahlia, rudbéckia.

PIMENT

Pour un effet torride

Plante annuelle. H : 25 à 80 cm.
Intérêts : nombreux fruits très colorés. Facile à cultiver en pot.
Notre choix : *Capsicum annuum*, variété ornementale à fruits dressés rouges ou jaunes. 'Redskin' ou 'Apache', variétés comestibles à petits piments rouges.
Prévoir : achat des plantes en fructification en août-septembre ou semis en avril, puis plantation en juin.
Associations : plantes aromatiques, chou d'ornement, tomate cerise.

RUDBÉCKIA

Une floraison éblouissante

Plante vivace ou annuelle.
H : 25 à 60 cm.
Intérêts : superbes marguerites jaune d'or à cœur brun foncé, sans interruption d'août à octobre.
Notre choix : variétés annuelles à très grandes fleurs et à port compact comme 'Toto' ou 'Becky Mix'. Vivaces : *Rudbeckia fulgida* 'Speciosa' et 'Goldsturm'.
Prévoir : semis au printemps (annuelle) ou achat des plantes en conteneur en début de floraison. Mélange terre de jardin et terreau. Antilimaces.
Associations : cosmos, heuchéra, *Sedum spectabile*, tabac, tournesol.

SEDUM SPECTABILE

Tout en douceur

Plante vivace. H : 50 cm.

Intérêts : d'août à octobre, grandes inflorescences plates au sommet d'un joli feuillage bleuté. Attire les papillons.

Notre choix : coloris rose ancien, cramoisi, violacé ou blanc.

Prévoir : mélange terre de jardin et terreau bien drainé. Plantez les plants en godet au printemps et les conteneurs fleuris en août-septembre.

Associations : aster, artémise, gaura, sauge officinale, rudbéckia.

SOLANUM RANTONNETII

Un éclat original

Arbuste. H : 1,50 m.

Intérêts : grands rameaux souples portant de belles fleurs violettes à cœur jaune de juin à fin octobre. Feuillage semi-persistant.

Notre choix : *Solanum crispum* et *S. jasminoides* sont des plantes voisines mais plus volubiles (d'une hauteur de 3 à 4 m).

Prévoir : balcon abrité et bien exposé. Treillage ou tuteur pour soutenir les tiges. Protection hivernale ou véranda.

Associations : à cultiver seul dans un bac.

THUNBERGIA ALATA

Volubile et facile

Plante grimpante. H : 1,50 m.

Intérêts : floraison de très longue durée, du début de l'été jusqu'en plein mois de novembre. Croissance rapide.

Notre choix : deux variétés sont proposées, à fleurs orangées ou jaunes, avec un centre noir. On les trouve parfois sous les noms de Sourire de Zanzibar ou de Suzanne aux yeux noirs.

Prévoir : achat en potée fleurie en juin. Les tiges volubiles s'enroulent elles-mêmes sur tout support (rambarde, treillage, tuteur...).

Associations : à éviter car elle est trop envahissante.

TOURNESOL

Du soleil au balcon

Plante annuelle. H : de 40 cm à plus de 2 m.

Intérêts : crée une ambiance chaleureuse et décontractée sur le balcon. S'épanouit du milieu de l'été jusqu'au milieu de l'automne.

Notre choix : variétés naines ou moyennes, coloris jaune d'or ou orangé, à fleurs simples ('Big Smile', 'Moonwalker', 'Plein Soleil', 'Musicbox') ou doubles ('Sonnegold', 'Soleil Orange', 'Ours en peluche'...).

Prévoir : semis en avril. Plantation ou achat en plant fleuri à partir de juin-juillet. Pots profonds avec soucoupe pour retenir l'eau d'arrosage. Tuteurs.

Associations : plusieurs variétés différentes entre elles, aster, coréopsis, ipomée, rudbéckia.

l'hiver
au balcon

Baies et écorces colorées

L'hiver venu, l'éclatante exubérance des floraisons abandonne pots et jardinières. Il serait dommage de laisser la morosité s'enraciner à leur place alors qu'il suffit de réunir quelques arbustes étincelants pour illuminer la grisaille.

COULEURS : DE DÉCEMBRE À MARS

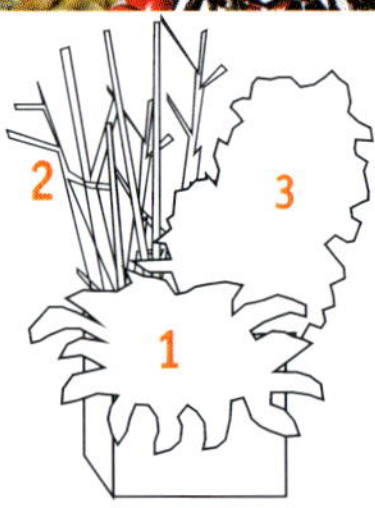

Vos achats

1 *Skimmia japonica* 'Foremanii'	*1 plant*
2 Cornouiller (*Cornus sanguinea* 'Winter Flame')	*1 plant*
3 Piéris 'Flaming Silver'	*1 plant*
Terre végétale et tourbe	

Quel pot choisir

Bac. P : 35 à 40 cm.

La plantation

Octobre-novembre. Soleil ou mi-ombre. Ces arbustes cultivés en conteneur reprennent facilement. Disposez-les en triangle dans le bac. Veillez à ne pas casser la motte et à l'enterrer entièrement. Pour favoriser la fructification, plantez un skimmia d'une variété mâle ('Rubella') à proximité du skimmia 'Foremanii' (variété femelle).

IDÉE CONSEIL

Les skimmias « mâles » ne produisent pas de baies colorées mais une floraison d'une très longue durée. La variété 'Rubella' garde ses inflorescences en boutons rose foncé durant tout l'hiver. Ces derniers s'épanouissent au printemps en fleurs blanches et parfumées.

L'entretien

En février-mars, taillez très court – à environ 30 cm de la base – les tiges colorées du cornouiller. Éliminez les baies desséchées du skimmia (au printemps) et les fleurs fanées du piéris (en été).

▶ L'évolution du décor

Le cornouiller s'habille d'un feuillage verdoyant de début mars à la fin de l'été. En automne, il prend une belle coloration orangée. Les deux autres arbustes à feuillage persistant s'épanouissent successivement, en avril (skimmia) et en mai (piéris). Au démarrage de la végétation, les jeunes pousses du piéris rougissent de façon spectaculaire. Plusieurs années après leur plantation, les 3 compères ne dépasseront pas 80 cm à 1 m de hauteur.

Un écrin de jasmin doré

Capable de supporter la neige et les frimas, le jasmin d'hiver est une des meilleures surprises du mois de janvier. Ses tiges longues et souples peuvent être dirigées contre un mur ou un support vertical pour encadrer une jardinière garnie de fleurs hivernales.

FLORAISON : DE DÉCEMBRE À JANVIER

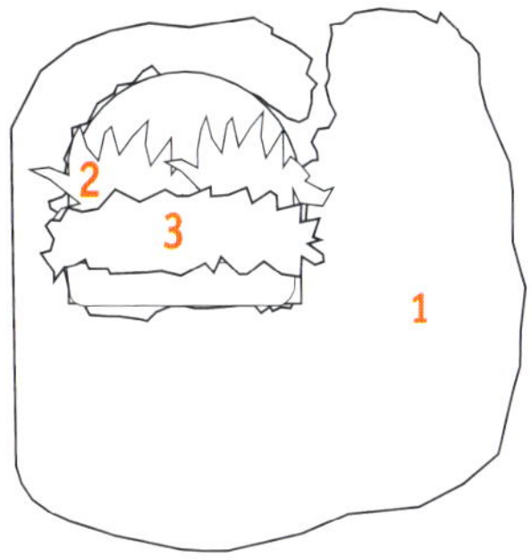

Vos achats

1 Jasmin d'hiver (*Jasminum nudiflorum*) — *1 plant*
2 *Skimmia japonica* 'Rubella' — *2 plants*
3 Bruyère (*Erica* x *darleyensis* 'Kramers Rot') — *3 plants*
Terre de bruyère et tourbe (pour la jardinière), terre végétale (pour le jasmin)
Fils de fer ou treillage pour diriger le jasmin

Quel pot choisir

Jardinière en plastique pour le skimmia et la bruyère. P : 23 cm, L : 55 cm, l : 20 cm. Le jasmin peut être installé dans un bac de grand volume (40 cm de côté et de profondeur).

La plantation

Octobre-novembre. Soleil ou mi-ombre. Avant de planter le jasmin, installez un treillage ou des fils de fer tendus sur le mur pour diriger la plante. Dans la jardinière, alternez bruyères et skimmias.

L'entretien

Taillez le jasmin en mars-avril. Supprimez les hampes fanées des bruyères et des skimmias à la fin du printemps.

L'évolution du décor

Après la floraison, les rameaux du jasmin se parent d'un beau feuillage dense et verdoyant. Skimmias et bruyères sont persistants, mais il est préférable de les remplacer par des floraisons saisonnières colorées pour égayer la fenêtre.

Une harmonie rose

Ce coup d'éclat hivernal n'a rien de miraculeux : dès la fin novembre, les jacinthes forcées prêtes à fleurir nous offrent déjà leur parfum printanier. Avec elles, on peut tricher sans aucun regret car elles ne coûtent pas plus cher que des bulbes vendus en automne et durent aussi longtemps que les floraisons en règle avec le calendrier.

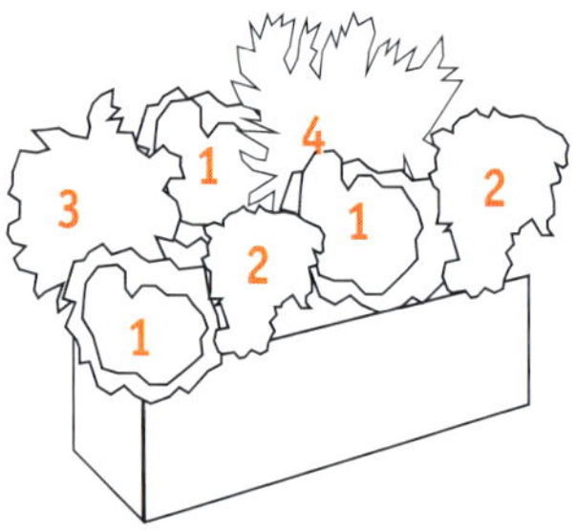

Vos achats

1 Chou d'ornement rouge	*5 plants*
2 Jacinthe rose	*10 plants*
3 *Euonymus fortunei* 'Harlequin'	*1 plant*
4 *Osmanthus heterophylla* 'Tricolor'	*1 plant*
Terreau et tourbe	
Mousse des bois pour couvrir la terre	

Achetez vos jacinthes forcées à l'unité, en godet. Choisissez-les en boutons non éclos pour en profiter plus longtemps.

Quel pot choisir

Jardinière. L : 90 cm, l : 40 cm, P : 25 cm.

La plantation

Fin novembre à début janvier. Soleil ou mi-ombre. Placez les feuillages des arbustes en toile de fonds, à l'arrière de la jardinière. Plantez les choux suffisamment espacés pour laisser la place aux jacinthes que vous répartirez par petits groupes de 3 à 5.

L'entretien

Couvrez la jardinière sous un voile d'hivernage pendant les périodes de gel. Surveillez les limaces.

L'évolution du décor

Les choux colorés garnissent la jardinière tout l'hiver et sont arrachés en fin de saison. Les arbustes à feuillage persistant peuvent être maintenus en place durant plusieurs années ou transplantés dans une autre composition. Les jacinthes s'épanouissent plus longtemps à l'extérieur qu'à la maison et durent environ 2 à 3 semaines. Proposées tout l'hiver dans les jardineries, n'hésitez pas à les remplacer une à deux fois dès qu'elles se fanent. Leurs oignons peuvent être récupérés et replantés l'automne suivant.

*Variation en blanc : choux décoratifs, jacinthes 'White Pearl' et fusain panaché (*Euonymus *'Harlequin').*

Pour égayer votre balcon au moment des fêtes de fin d'année, soignez votre mise en scène. Installez votre potée – jacinthes et choux blancs – sur une caisse dissimulée sous de la brande de bruyère. Ajoutez quelques petites pommes de pin dorées à la peinture en aérosol. Adossez la composition à un fond de verdure ou un treillage.

L'éclat des minicyclamens

Difficiles à conserver plus d'une semaine dans un appartement normalement chauffé, les cyclamens miniatures ont un avenir beaucoup plus florissant au balcon ou sur un rebord de fenêtre. Associez leurs couleurs lumineuses aux arbustes à feuillage persistant pour former un paravent contre le gris de l'hiver.

FLORAISON : DE DÉCEMBRE À FÉVRIER

Vos achats

1 Houx 'J. C. Van Tol'	*1 plant*
2 Cyclamen de Perse miniature	*2 plants*
3 Lierre à petites feuilles panachées	*1 plant*
4 *Pittosporum tenuifolium* 'Irène Paterson'	*1 plant*
5 Laurier-tin (*Viburnum tinus* 'Eve Price')	*1 plant*
Terreau, terre végétale et tourbe	

Quel pot choisir
Bacs ou poteries. P : 30 à 40 cm pour les arbustes. Jardinières. L : 45 cm, l : 20 cm, P : 18 cm pour les cyclamens.

La plantation
Début décembre à janvier. Soleil ou mi-ombre. Disposez les cyclamens dans les jardinières. Inutile d'enlever les pots. Il suffit de les dissimuler et de les caler avec la tourbe. Installez chaque arbuste dans un mélange de terre végétale et de terreau.

L'entretien
Rentrez les cyclamens à la maison et protégez le pittosporum sous un voile d'hivernage pendant les périodes de gel. Taillez le houx au début du printemps pour en limiter le développement.

L'évolution du décor
Les cyclamens s'épanouissent durant 4 à 5 semaines, à l'abri des courants d'air et si l'hiver reste clément. En cas de problème, on peut facilement les remplacer. Peu épineux, le houx 'J. C. Van Tol' produit de nombreuses baies colorées même s'il est seul sur le balcon (variété autofertile). *Viburnum tinus* 'Eve Price' (laurier-tin) est une variété très compacte, idéale pour la culture en pot. Tous les arbustes à feuillage persistant utilisés ici assurent un décor permanent, facile à maintenir durant plusieurs années.

Un tapis d'hellébores

FLORAISON : DE DÉCEMBRE À FÉVRIER

Les hellébores – joliment baptisés roses de Noël – créent à eux seuls l'événement lorsque leurs corolles blanc laiteux viennent briller sous un petit rayon de soleil hivernal. Pour valoriser cet effet de surprise, placez-les à hauteur des yeux et habillez joliment le bac de plantation.

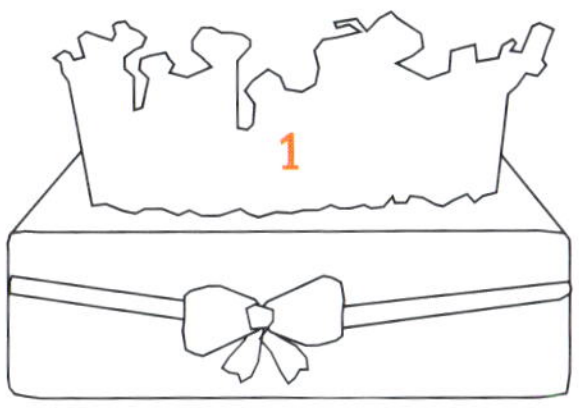

Vos achats

1 Rose de Noël ou hellébore (*Helleborus niger*)	*6 à 12 plants (selon la taille)*
Terre végétale et terreau	
Mousse des bois, raphia	

Achetez les roses de Noël en fleur, car il existe plusieurs variétés, certaines d'une blancheur immaculée, d'autres ombrées de vert pomme ou de vieux rose.

Quel pot choisir

Un récipient spacieux (L : 70 cm, l : 40 cm, P : 20 cm), telle une auge en pierre reconstituée ou une caisse en bois parée de mousse des bois. Cette dernière est fixée au pistolet à colle et ceinturée d'un écheveau en raphia.

La plantation

Fin novembre à janvier. Soleil ou mi-ombre. Prévoyez un petit drainage au fond du bac, car il faut absolument éviter l'humidité stagnante. Pour un effet immédiat, les petits hellébores sont plantés les uns contre les autres. La surface de la terre est ensuite garnie de mousse.

L'entretien

Supprimez les fleurs fanées au fur et à mesure.

L'évolution du décor

Après la floraison, arrachez un plant sur deux pour laisser un espace vital aux sujets restant en place. En avril, plantez des bulbes de lis ou des campanules entre les feuillages des hellébores pour égayer la composition durant l'été. Rempotez aussitôt les plants éliminés ou installez-les dans un jardin. Les roses de Noël sont vivaces et très rustiques. Si votre balcon leur convient, vous pourrez en profiter durant de nombreuses années.

ZOOM

L'hellébore d'Orient, cette cousine de la rose de Noël, vous surprendra par la richesse et l'originalité de ses coloris tantôt pourpre vineux, rose frais, prune, blanc moucheté de pourpre, abricot, avec ou sans petites taches de rousseur au cœur des pétales. Cette petite merveille s'épanouit de février-mars jusqu'en avril.

Un sapin traditionnel

FEUILLAGE : PERMANENT

Plus habitué au climat rigoureux des pays du Nord qu'à nos appartements surchauffés, un sapin qui prend le frais au balcon ne perd pas ses aiguilles. Sa verdure vous réjouira toute l'année. Vous n'aurez qu'à le décorer et l'accompagner de floraisons hivernales colorées pour lui donner un petit air de fête.

Vos achats

1 Sapin de Noël (*Picea excelsa*)	*1 plant*
2 Camélia 'Donation'	*1 plant*
3 Bruyère (*Erica x darleyensis*)	*3 plants*
4 Minicyclamen	*5 plants*
5 Buis	*3 plants*
6 Rameaux de bouleau givrés	*1 botte*

Terre végétale, terreau et tourbe
Décorations de Noël, pommes de pin

Quel pot choisir

En terre cuite ou en plastique. Pot, D et P : 40 cm pour le sapin et le camélia. Jardinière, P : 15 à 18 cm pour les cyclamens et les bruyères, 30 cm pour les buis.

La plantation

Novembre-décembre. Soleil ou mi-ombre. Veillez à ne pas abîmer la motte des arbustes en conteneur.

L'entretien

Protégez les jardinières fleuries et le camélia durant les périodes de gel. Poursuivez les arrosages par temps doux durant l'hiver. En septembre, taillez les pousses d'extrémité du sapin pour en limiter le développement.

Sapin nain : peu encombrant et bien adapté à la culture en pot, Picea albertiana *'Conica' peut lui aussi jouer les sapins de Noël. Très compact, en cône régulier, il ne dépassera guère 1 m de hauteur. Vous le garderez plusieurs années sur votre balcon si vous l'installez à mi-ombre et en douchez fréquemment le feuillage durant l'été (pour lui épargner les attaques d'araignées rouges).*

▶ L'évolution du décor

Vite encombrant, le sapin de Noël traditionnel n'est pas fait pour vivre éternellement dans un pot. Après 2 ou 3 ans, vous devrez le replanter en pleine terre.

Une fenêtre en fête

Cette jardinière hivernale est composée de jacinthes, de cyclamens et de pommiers d'amour. L'élégance et la sobriété de ce décor sont dues au choix harmonieux des couleurs : blanc, rouge et vert. Pour lui donner un côté festif, une guirlande de lierre et des feuilles d'automne viennent orner la façade.

FLORAISON : DE DÉCEMBRE À JANVIER

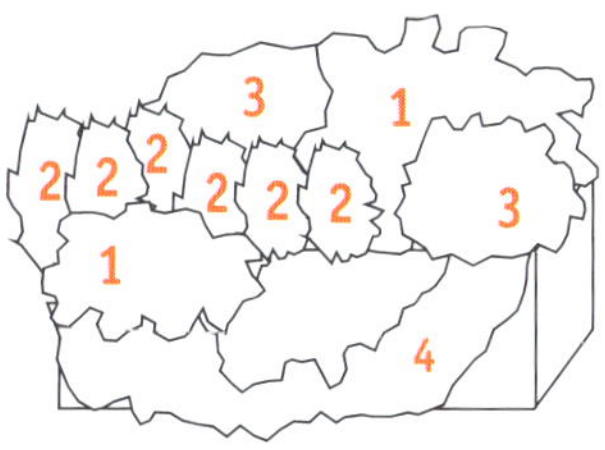

Vos achats

1 Pommier d'amour (*Solanum pseudocapsicum*)	*2 plants*
2 Jacinthe 'White Pearl'	*6 plants*
3 Cyclamen de Perse à fleurs blanches	*4 plants*
4 Lierre à petites feuilles panachées	*1 plant*
Terreau	
Papier collant double face	

Achetez les plants fleuris au début de leur épanouissement pour en profiter le plus longtemps possible.

Quel pot choisir

Jardinière blanche de préférence, en plastique ou en bois. L : 70 cm, l : 20 cm, P : 20 cm.

La plantation

Novembre-décembre. Soleil ou mi-ombre. Espacez les deux pommiers d'amour, placez l'un au premier plan, l'autre à l'arrière de la jardinière. Regroupez les jacinthes par 3 et plantez les cyclamens en duo pour former des touffes plus fournies. Plantez le lierre dans un angle de la jardinière. Tressez ses tiges en une guirlande souple. Attachez-en discrètement l'extrémité dans les branches du pommier d'amour.

L'entretien

Couvrez soigneusement les plantes sous un voile d'hivernage ou rentrez la jardinière pendant les périodes de gel. Arrosez par temps doux.

L'évolution du décor

La tenue de cette jardinière saisonnière dépend de la rigueur de l'hiver. Si la fenêtre est bien exposée et à l'abri du vent, vous en profiterez largement avant et après les fêtes de fin d'année.

IDÉE CONSEIL

Ramassez en automne des feuilles colorées (chêne, érable...). À défaut, prenez des feuilles de lierre. Faites-les sécher à plat, dans un journal. Pulvérisez-les de paillettes dorées en aérosol. Appliquez-les sur la façade de la jardinière avec du collant double face.

Les plantes de votre balcon d'hiver

Après l'abondance et l'éclat des autres saisons, la gamme des plantes hivernales est nettement plus restreinte. Cependant quelques fleurs colorées viennent encore nous surprendre sous la grisaille.
Les feuillages persistants sont très précieux à cette époque. Les plus intéressants s'illuminent de baies colorées ou de fleurs : houx, skimmia, laurier-tin, camélia... D'autres se distinguent par leur silhouette bien structurée (buis, conifères nains) ou leur végétation luxuriante (lierre).
Si l'on sait être curieux, l'hiver s'avère riche, surprenant, original.

CAMÉLIA

Une floraison romantique
Arbuste. H : 1 à 2 m.
Intérêts : feuillage persistant vert lustré, remarquables fleurs roses de janvier à mars-avril. Port compact et tiges souples pouvant être dirigées contre un mur.
Notre choix : les camélias hybrides *C.* x *williamsii*, très rustiques et florifères, comme 'Debbie', 'Donation', 'Inspiration'...
Prévoir : terre de bruyère. Arrosages réguliers toute l'année. Protection du pot et du feuillage contre le gel et la neige.
Associations : azalée, bruyère, lierre, pernettya, piéris.

CORNOUILLER

Des rameaux enflammés
Arbuste. H : 2 m.
Intérêts : les rameaux, dénudés en hiver, sont vivement colorés. Fleurs blanches en mai-juin. Belle coloration automnale du feuillage. Culture facile.
Notre choix : *Cornus* 'Fluo' ou 'Winter Flame' (rouge), *C.* 'Flaviramea' (jaune), *Cornus alba* 'Sibirica' (orangé).
Prévoir : croissance rapide. Taillez court en fin d'hiver.
Associations : bruyère, heuchéra, mahonia, piéris, skimmia...

supporte une petite période de sécheresse

laissez sécher la terre en surface entre 2 arrosages

terre fraîche en permanence

plantes avides d'humidité

soleil

mi-ombre

ombre

CYCLAMEN

Un coup d'éclat

Bulbe à fleurs. H : 15 à 25 cm.

Intérêts : floraison élégante aux couleurs très lumineuses (rose ou blanc pur). Feuillage tapissant vert marbré.

Notre choix : le cyclamen de Perse ; de préférence les variétés naines qui ont un port plus naturel. Cette plante dite d'appartement vit mieux à l'extérieur pendant les périodes de douceur.

Prévoir : laissez les plantes dans leur pot et masquez-les avec de la tourbe dans une jardinière décorative. Rentrez-les dès qu'il gèle.

Associations : bruyère, conifères nains, lierre, perce-neige...

ÉLÉAGNUS

Un feuillage en or

Arbuste. H : 1 à 2 m.

Intérêts : c'est l'un des feuillages les plus lumineux de l'hiver. Persistant. Port compact. Résiste au vent, aux embruns et à la pollution. Rarement malade.

Notre choix : *Elæagnus pungens* 'Maculata Aurea' et *Elæagnus* x *ebbingei* 'Gilt Edge' sont panachés de jaune d'or.

Prévoir : supprimez les rameaux verts non panachés. Taillez régulièrement pour limiter la croissance.

Associations : cornouiller, cotonéaster, houx...

FUSAIN

Persistant et lumineux

Arbuste. H : 20 à 50 cm.

Intérêts : feuillage panaché doré ou crème toute l'année. Port compact, en boule ou tapissant, très apprécié en jardinière.

Notre choix : *Euonymus fortunei* 'Harlequin' (éclaboussé de crème) et 'Blondy' (panaché jaune clair). *Euonymus japonicus* 'Microphyllus Alboviaregatus' ressemble au buis à bordure (feuillage panaché).

Prévoir : surveillez cochenilles et oïdium. Taillez en mai.

Associations : bruyère, conifères nains, cyclamen, jacinthe forcée, houx...

REPÈRES

Les floraisons forcées : *azalée, jacinthe, narcisse, cyclamen, pommier d'amour (*Solanum*) et parfois les roses de Noël sont cultivés en serre par les horticulteurs pour avancer leur période de floraison. Utilisez-les pour créer un effet immédiat dans vos potées et jardinières, en connaissant les risques : elles seront très belles si l'hiver est doux mais risquent de succomber en cas de gel. Ces « floraisons forcées » ont malgré tout le mérite d'élargir la palette des authentiques floraisons hivernales (camélia, jasmin d'hiver, rose de Noël non forcée…).*

Les arbustes du Midi : *en fleurs ou couverts de fruits en plein hiver, mimosa, oranger, citronnier et mandarinier font régulièrement craquer les possesseurs de balcons. Ces arbustes sont d'ailleurs tout à fait adaptés à la culture en bac, mais ils ont leurs limites : à partir de – 5 °C, il faudra soit les rentrer dans une véranda, soit les emmailloter dans du plastique à bulles en priant pour qu'il ne gèle pas davantage.*

Plantes hivernales ayant un intérêt à d'autres saisons : *bruyère et chou d'ornement (voir plantes d'automne) ; jacinthe (voir plantes de printemps) ; buis (voir plantes d'été).*

HELLÉBORE

La rose de Noël

Plante vivace. H : 45 cm.

Intérêts : une des plus belles floraisons hivernales. Couleurs variées. La culture en pot permet de les admirer de plus près.

Notre choix : *Helleborus niger* (fleurs blanches ou rosées, de décembre à février), *Helleborus* 'Atrorubens' (fleurs pourpres, de février à avril), *H. orientalis* (très nombreux coloris, de février à avril). Après la floraison, le feuillage reste décoratif.

Prévoir : mélange terre végétale et terreau bien drainé.

Associations : cornouiller ou autres arbustes à feuilles caduques, bulbes à fleurs printanières, bruyère.

HOUX

Une forte personnalité

Arbuste. H : 1 à 2 m

Intérêts : feuillage persistant vernissé. Baies rouges symbolisant les fêtes de Noël. Très rustique.

Notre choix : *Ilex aquifolium* 'J.C. Van Tol' (peu épineux, vert foncé, fructifie facilement même s'il est seul sur le balcon) et 'Madame Briot' (variété femelle à fruits décoratifs, feuillage lumineux panaché crème).

Prévoir : à part 'J.C. Van Tol', la plupart des houx doivent être plantés en couple pour bien fructifier. Taillez pour maintenir un port compact.

Associations : cyclamen, fusain rampant, heuchéra, narcisse, pervenche, primevère…

JASMIN D'HIVER

Une belle surprise hivernale

Plante grimpante. H : 2 m.

Intérêts : fleurs jaune d'or, ressemblant à celles du forsythia, de fin décembre à février. Feuillage vert foncé, très dense, de mars à novembre.

Notre choix : le jasmin d'hiver (*Jasminum nudiflorum*) est très rustique et facile à cultiver en pot.

Prévoir : treillage ou fils de fer tendus contre un mur pour diriger et attacher ses longues tiges souples. Sans parfum. Taillez après la floraison.

Associations : conifères nains, fusain, hellébore, lavande...

LAURIER-TIN

Une valeur sûre

Arbuste. H : 1 m.

Intérêts : feuillage persistant vert foncé, s'illuminant de fleurs blanches plus ou moins rosées de décembre à mars.

Notre choix : 'Eve Price' est une variété à port compact remarquable.

Prévoir : protection hivernale en cas d'hiver très rigoureux. Taillez après la floraison.

Associations : fusain, bruyère, éléagnus à feuilles panachées, houx.

LEUCOTHOË

La couleur pourpre

Arbuste. H : 50 cm.

Intérêts : feuillage pourpre à reflets bronze durant l'hiver. Petites fleurs blanches en grappes au printemps.

Notre choix : *Leucothoe* 'Scarletta', pour sa teinte originale et son port compact.

Prévoir : terre de bruyère.

Associations : azalée, bruyère, pernettya, piéris, pommier d'amour, skimmia...

Quand acheter les plantes d'hiver

***Octobre-novembre** de préférence, mais aussi tout l'hiver hors périodes de gel : arbustes, conifères et plantes grimpantes (motte ou conteneur), vivaces.*

***Novembre à février :** bulbes forcés en pot.*

LIERRE

Multifonctions

Plante grimpante. H : 1 à 3 m.

Intérêts : feuillage persistant et abondant toute l'année, idéal pour former un écran de verdure, encadrer une fenêtre, garnir un tuteur en boule ou en pyramide...

Notre choix : variétés à petites feuilles comme 'Glacier' (vert argenté), 'Goldheart' (panaché jaune), 'Green Ripple' (vert à nervures claires), 'Elegantissima' (gris vert et blanc).

Prévoir : s'accroche seul grâce à ses crampons. Taille nécessaire pour contenir sa croissance. Ne le laissez pas se glisser dans les gouttières ou sous les tuiles du toit.

Associations : toute plante se plaisant bien à l'ombre.

PERNETTYA

Des petites boules colorées

Arbuste. H : 40 à 60 cm.

Intérêts : des grappes de baies colorées appétissantes comme des friandises, en automne et en hiver. Feuillage persistant.

Notre choix : *Pernettya mucronata* et ses variétés à baies blanc laiteux, rose tendre, rouges ou violacées.

Prévoir : mélange terre de bruyère et tourbe. Prenez garde aux feuilles très pointues et piquantes. Associez pieds mâles et femelles de manière à assurer une bonne fructification.

Associations : azalée, bruyère, fougère, leucothoë, lierre, piéris, skimmia...

PICEA

Pour fêter Noël

Conifère. H : 50 cm à 2 m.

Intérêts : feuillage persistant formé de fines aiguilles d'un beau vert franc ou bleutées selon les variétés.

Notre choix : le traditionnel sapin de Noël (*Picea excelsa*) convient à un décor ponctuel mais devient vite encombrant sur un balcon. *Picea albertiana* 'Conica' , *P. pungens* 'Glauca Globosa' et *P. omorika* 'Nana' sont des variétés naines mieux adaptées.

Prévoir : risque d'araignées rouges sur un balcon trop ensoleillé.

Associations : autres conifères nains de couleurs différentes, éléagnus et piéris à feuilles panachées, bruyère.

PIÉRIS

Ravissant toute l'année

Arbuste. H : 60 cm à 1,20 m.

Intérêts : feuillage persistant lumineux, longue floraison, jeunes pousses printanières rose crevette.

Notre choix : les variétés 'Little Heath Variegated' (naine) et 'Flaming Silver' (plus haute) sont les plus intéressantes en hiver. Leurs grappes de fleurs blanches, en boutons dès l'automne, forment un joli contraste avec le feuillage panaché de crème.

Prévoir : terre de bruyère et tourbe. Croissance lente.

Associations : azalée, bruyère, cornouiller, pernettya, skimmia...

POMMIER D'AMOUR

Un joyeux fêtard

Plante vivace gélive. H : 30 cm

Intérêts : fruits rouge orangé ressemblant à des minitomates cerises, persistant tout l'hiver. Idéal pour égayer une jardinière de Noël.

Notre choix : le pommier d'amour (*Solanum pseudocapsicum*) est considéré comme une plante d'intérieur, mais il dure plus longtemps sur un balcon abrité qu'à la maison.

Prévoir : doit être rentré pendant les périodes de gel. Fruits toxiques à tenir éloignés des enfants.

Associations : cyclamen, gaulthéria, jacinthe forcée, lierre, leucothoë, skimmia...

SKIMMIA

Doubles facettes

Arbuste. H : 50 cm.

Intérêts : selon les variétés et le sexe des plantes, baies colorées ou floraison hivernale. Feuillage persistant.

Notre choix : pour ses fleurs en boutons rose foncé de novembre au printemps, *Skimmia japonica* 'Rubella'. Pour leurs baies rouge brillant, *Skimmia* 'Foremanii' et 'Rogersii'.

Prévoir : terre de bruyère et tourbe. Taille légère en début d'été. Protections si l'hiver est rigoureux.

Associations : azalée, bruyère, cornouiller, pernettya...

Carnet pratique

Les pots et jardinières

Il convient de choisir les pots et les jardinières pour les fenêtres ou le balcon en alliant avec soin les critères esthétiques aux besoins des plantes.

Une jarre comme celle-ci personnalise à elle seule le décor. Attention cependant au poids de ce type de contenant. Avant de faire votre choix, pensez à la charge que peut soutenir votre balcon et aux difficultés de déplacement.

Les formes : diversité ou unité

L'éventail très varié des formes permet de créer des décors pleins de vie.

Les formes classiques, rondes, rectangulaires et carrées, sont les plus simples à mettre en scène sur un balcon ou un rebord de fenêtre. Il suffit simplement de les mêler et de jouer avec leurs volumes pour rythmer votre décor et donner du relief à vos plantations. Vous pouvez aussi créer un effet très personnel en alignant une rangée de pots ronds parfaitement identiques.

Les formes fantaisie permettent d'affirmer un style (rétro, brocante, asiatique...) ou de personnaliser un décor. Le choix est très varié avec les jarres (hautes et galbées), les vasques (évasées, avec ou sans pied), les auges anciennes (très plates), les vases Médicis (joliment travaillés), les pots à fraisiers (ronds avec des encoches de plantation), les paniers suspendus (en terre, en osier, en plastique)...

Tenez compte des plantes que vous comptez installer. Évitez de choisir une jarre à col étroit pour un arbuste qui devra être rempoté tous les 2 ou 3 ans. Vous aurez en effet beaucoup de peine à l'extirper avec sa motte de terre. En revanche, une jarre conviendra parfaitement pour des fleurs annuelles que vous arracherez en fin de floraison.

Les volumes : sortez vos calculettes

Entre grand volume et poids de terre, que de valses-hésitations !

Les jarres se déclinent dans un large éventail de formes et de volumes. Ce modèle élancé met en valeur les fleurs retombantes (surfinia), mais sa base étroite réduit sa stabilité. À éviter sur un balcon venté.

Le volume des contenants conditionne le choix des plantes. Plus que la longueur ou la largeur, c'est surtout la profondeur minimum nécessaire – mesurée à l'intérieur du récipient – qui doit être prise en compte.

- 10 à 12 cm : plantes vivaces de rocaille (ajuga, aubriète, *Erigeron mucronatus*, sédum, joubarbe...).
- 15 à 20 cm : plantes fleuries saisonnières (bidens, géranium, pensée, pétunia, primevère...), petits bulbes à fleurs (jacinthe, narcisse, tulipe...).
- 25 à 35 cm : plantes arbustives (anthémis, fuchsia, lantana, verveine...), bulbes à grand développent (dahlia, eucomis, grands narcisses...), plantes aromatiques.
- 40 cm : arbustes à fleurs ou à feuillage persistant, conifères, rosiers, grandes plantes vivaces, graminées...

Les contenants de grand volume – 35 à 40 cm de profondeur – offrent beaucoup d'avantages. Les plantes vivaces ou les arbustes peuvent y

Pour l'unité du décor, il est préférable de n'utiliser qu'un seul type de matériau, tout en jouant avec les différentes formes et les volumes. Avec la terre cuite, les possibilités de choix sont infinies.

être installés pour de nombreuses années. Les racines sont moins exposées aux risques de gel. La terre garde plus longtemps l'humidité, ce qui permet d'éviter les arrosages à répétition. Mais, revers de la médaille : ils sont lourds et difficiles à déplacer.

❋ Le choix des volumes dépend de l'agencement de votre balcon. Les longues jardinières sont appréciables pour les mariages de fleurs et de feuillages, lorsqu'on aime créer des contrastes de couleurs ou de textures. Elles sont très pratiques sur les rebords des fenêtres et s'accrochent aux rambardes des balcons. Les pots et les bacs permettent de faire bouger le décor plus facilement. On peut les associer entre eux ou avec des jardinières pour former des massifs variés.

❋ Pour faire vos achats, emportez avec vous les dimensions de votre balcon ou de vos rebords de fenêtre. Glissez dans votre poche un mètre à ruban afin de relever les mesures exactes des pots et jardinières. N'oubliez pas de noter la profondeur réelle, mesurée à l'intérieur des contenants, en particulier pour les bacs à réserve d'eau.

Les styles : trouvez le vôtre

En évitant de mélanger les styles, vous donnerez une unité à votre balcon. Mais lequel choisir ?

❋ **Classique :** il s'agit de contenants assez sobres, de coloris neutres, en bois, en terre cuite naturelle, en pierre reconstituée ou en plastique. Leur rôle est essentiellement de mettre en valeur les plantations en restant le plus discrets possible.

❋ **Rétro :** il garde une empreinte du passé très marquée et s'adapte à tous les types de nostalgie. Faites vos choix parmi les vases Médicis en fonte, les vasques en pierre sculptée, les jarres patinées, la céramique ou terre cuite émaillée de motifs. Oubliez le plastique et le bois peint.

❋ **Rustique :** le bois est votre meilleur allié avec les jardinières en pin traité, les demi-tonneaux en chêne et les bacs en châtaignier. Les auges en pierre reconstituée et les jardi-

Classiques, les pots ronds permettent d'organiser des décors plus mobiles que de lourdes jardinières. Les modèles de grand volume offrent les meilleures conditions de culture aux plantes fleuries.

nières en osier tressé peuvent également les rejoindre.

Contemporain : beaucoup de matériaux anciens ont été réactualisés par leur forme ou leur finition extérieure. C'est le cas de la terre cuite ornée de motifs géométriques ou du bois peint. Très « tendance », les jardinières en métal galvanisé et tous les récipients de récupération (bassine, arrosoir, pot habillé de chaîne d'ancrage rouillée ou de mosaïque en faïence...) symbolisent le besoin de retrouver ses racines.

Les matériaux : avantages et inconvénients

L'esthétique mais aussi le poids, le choix des formes et des volumes, l'entretien et le prix doivent être évoqués.

La terre cuite, chaleureuse

- Pour : elle répond à presque toutes les attentes concernant les formes, les volumes et les styles. Les plantes apprécient ce matériau à la fois poreux et isolant. Nombreuses possibilités de finition : naturelle, peinte, vernie ou émaillée.
- Contre : matériau lourd. Il est important de s'assurer de la résistance au gel du modèle choisi. Elle est vulnérable aux chocs. Des traces blanchâtres apparaissent parfois en surface (elles proviennent des sels contenus dans la terre cuite). Les poteries de bonne épaisseur, de couleur beige rosé, à grains fins, sont les plus belles mais aussi les plus coûteuses.

Le bois, polyvalent

- Pour : il laisse respirer les racines et les protège des variations de température. Il peut être ajusté sur mesure. Différentes possibilités de finition : naturelle, vernie, peinte, laquée... Grand choix de styles et de formes. Grands volumes pour les arbustes ou les potagers de balcon.
- Contre : le bois peut travailler ou se fendre. Risques de pourriture s'il n'est pas naturellement imputrescible (teck, châtaignier, iroko) ou traité contre les intempéries (pin). Les contenants en bois doivent être surélevés sur des pieds pour limiter cet inconvénient. Les prix dépendent de l'essence utilisée et de la qualité du montage.

Le plastique, léger et pratique

- Pour : les techniques de fabrication ont évolué et l'on trouve aujourd'hui des modèles imitant parfaitement la terre cuite, le bois peint ou lasuré et présentant des parois à double épaisseur. Ces produits de belle qualité sont à la fois robustes, décoratifs et très légers. Une réserve d'eau peut être intégrée au bac ou à la jardinière. Le plastique bas de gamme offre un moyen économique pour cultiver les fleurs saisonnières.

Une chaîne d'ancre a été détournée de son utilisation habituelle pour habiller avec originalité un pot trop ordinaire.

Peints en couleur et décorés de motifs variés, de simples pots en terre cuite révèlent avec éclat des floraisons saisonnières.

Les pots et les jardinières en pierre reconstituée sont lourds et bien stables, ce qui est appréciable sur un rebord de fenêtre.

• Contre : les produits de base ont une courte durée de vie et répondent mal aux besoins des plantations permanentes. Ils sont en particulier peu isolants pour les racines. De surcroît le plastique étant imperméable à l'eau et à l'air, les erreurs d'arrosage sont généralement fatales aux plantes.

La pierre reconstituée, solide et lourde

• Pour : ce matériau composite à base de pierre naturelle en poudre, de ciment et de sable offre des conditions de vie idéales pour les plantes. Les parois des contenants sont épaisses, isolantes et poreuses. L'eau en excès peut s'écouler naturellement sans qu'il soit forcément nécessaire de prévoir des trous d'évacuation. Son poids lui assure une parfaite stabilité dans les régions ventées. Les auges utilisées pour cultiver des petites plantes de rocaille sont en général en pierre reconstituée. Les prix sont très attractifs pour les modèles simples et de grands volumes.

Cache-pot de fabrication artisanale en acier paré d'une peinture cuite au four. Pratique et élégant pour caler et dissimuler vos anciens pots.

Conseils d'achat

La stabilité : choisissez un contenant ayant soit une bonne assise au sol, soit un poids suffisant pour être capable de résister aux bourrasques.
Sur les balcons exposés au vent, méfiez-vous des jarres en terre cuite, superbes certes, mais facilement déstabilisées.
Le drainage : pour la réussite de vos plantations, l'eau d'arrosage en excès doit pouvoir s'évacuer facilement de vos pots et jardinières. Si vous craignez d'inonder les voisins, préférez les bacs à réserve d'eau. Toutefois, ces derniers doivent être absolument équipés d'un trop-plein. Pour les autres contenants (bois, terre cuite, métal, plastique), des trous d'environ 1 cm de diamètre doivent être prévus tous les 20 m.
Les couleurs : les teintes neutres (gris, terre cuite, bois naturel, sable) sont plus faciles à harmoniser avec la couleur des fleurs ou des feuillages. Le blanc est à éviter en plein soleil car il y devient éblouissant. En revanche, il est parfait sur un balcon ombragé. Les teintes mates sont à préférer pour les expositions lumineuses. On peut aussi ajouter une touche personnelle à ses pots (terre cuite, bois) en les peignant en couleur, unie ou avec des motifs. Utilisez pour cela une peinture microporeuse que vous recouvrirez une fois sèche d'une couche de vernis imperméabilisant.

Les sels utilisés pour la fabrication des pots en terre cuite réapparaissent souvent en surface. Nettoyez-les à la brosse en chiendent avec de l'eau vinaigrée.

Planche à roulettes pour faire naviguer facilement les grosses potées et changer de décor en fonction des floraisons.

• Contre : l'esthétique est parfois discutable. L'eau d'arrosage peut laisser des traces d'humidité sur les parois. Les éclaboussures de terre sont difficiles à nettoyer. Ce matériau est lourd et difficile à déplacer.

Le métal, très déco

• Pour : un peu brillant au départ, le métal galvanisé se patine doucement avec le temps. Il ne rouille pas et crée des contenants lisses, sobres, élégants et bon marché. La fonte est surtout utilisée pour les vasques très stylées. Elle est quasiment inusable, et la rouille lui donne de jolis reflets. Le métal est peu isolant pour les racines. Il est surtout utilisé pour les floraisons saisonnières.

• Contre : les trous de drainage ne sont pas toujours prévus dans ces contenants en métal. Il faudra dans ce cas les percer vous-même. Leur style particulier demande une mise en scène adaptée. Les contenants en fonte pèsent lourd et coûtent cher.

L'entretien des pots

Il peut être utile de penser à l'entretien au moment de faire votre choix.

Le bois : lavez au jet et brossez à l'eau javellisée les traces de mousse verte sur le pin traité. Protégez les bacs en bois exotique dès l'achat : appliquez au pinceau une première couche d'huile de teck, une deuxième 6 heures plus tard, puis une troisième le lendemain. Après séchage, frottez avec un chiffon doux. Cette précaution permet d'éviter les taches sur le bois, tout en lui donnant un léger brillant. Les bois peints ou vernis doivent être entretenus tous les 2 ou 3 ans.

La terre cuite : éliminez les traces blanches avec de l'eau vinaigrée. Les terres cuites vernissées et craquelées en surface peuvent être entretenues à la cire.

La pierre reconstituée : laissez la mousse se déposer sur les auges de style ancien. Les contenants traditionnels en pierre (jardinière, bac carré ou rond) sont assez salissants. Lavez-les au jet d'eau et brossez-les à l'eau javellisée une à deux fois par an.

Le plastique : un simple nettoyage avec une éponge est en général suffisant.

Le métal : le métal galvanisé ne demande aucun entretien. Selon vos goûts, laissez la fonte s'oxyder en sur-

Il est très important d'arrimer avec soin les suspensions. Celle-ci est accrochée à une potence elle-même solidement fixée.

Toutes sortes d'objets de récupération peuvent être utilisés pour accueillir des fleurs sur un balcon : vieil arrosoir, caddie en osier, ancien chaudron… Mêlés aux pots et jardinières classiques, ils ajoutent une petite touche d'humour au décor. ▶

face ou bien, dès l'achat, appliquez une couche d'antirouille. Après séchage, il est aussi possible de peindre la vasque avec une peinture noire ou bronze.

Fixations : jouez la sécurité

Votre responsabilité est engagée si la chute d'un pot ou d'une jardinière cause des dommages aux passants.

✳ Sur votre balcon, accrochez toujours les jardinières vers l'intérieur. Sur une fenêtre, ne placez aucune plantation en surplomb ou en dehors des saillies de l'immeuble.

✳ Les supports métalliques réglables en largeur sont très pratiques pour installer les jardinières sur les grilles des balcons ou les appuis de fenêtre. Les modèles les plus sûrs sont équipés d'un petit rabat en métal qui coince la jardinière sur le support.

✳ Sur les rebords de fenêtre, il est fortement conseillé d'ancrer les contenants, quels qu'ils soient. Il suffit de visser 2 crochets sur les montants en bois de la croisée pour y fixer un fil de fer passant autour des pots ou de la jardinière. Les feuillages ou les fleurs qui retombent en façade masqueront votre petit bricolage.

✳ Soyez très prudent avec les suspensions qui offrent facilement une prise au vent. Essayez de trouver un moyen de les arrimer par le bas pour éviter les grands mouvements de balancier. La fixation haute doit être réalisée avec soin, sur une potence murale ou un crochet vissé au plafond.

✳ Pour les murs des balcons et les parois latérales des fenêtres, il existe des structures grillagées rigides avec des crochets spéciaux pour accrocher des pots à différents niveaux en toute sécurité.

✳ Vérifiez régulièrement les fixations, au moins une fois par an. Changez s'il le faut les parties métalliques rouillées avant qu'elles ne lâchent sournoisement.

Support métallique pour pot individuel à accrocher impérativement à l'intérieur du balcon et non en surplomb de la rue. ▶

Préparer la terre et planter

Ce qui se passe en coulisse, c'est-à-dire au fond des pots et des jardinières, est vital pour la réussite de votre balcon fleuri.

Le drainage

L'eau d'arrosage en excès, parfois associée à l'eau de pluie, risque d'entraîner la pourriture des racines. Elle doit pouvoir s'écouler sans difficulté. C'est le but du drainage.

✳ Vérifiez si le trou d'évacuation du contenant est prévu. Certains pots en terre cuite ont seulement un avant-trou qu'il convient de dégager avec précaution. La plupart des récipients de récupération sont étanches. Ils doivent être perforés à l'aide d'une perceuse.

✳ Pour éviter que les trous d'évacuation ne se bouchent avec la terre ou les racines des plantes, disposez d'abord au fond du pot quelques gros tessons ou un morceau de feutre de drainage. Étalez ensuite une couche de billes d'argile que vous recouvrirez d'un feutre de drainage. Imputrescible, celui-ci laisse filtrer l'eau tout en retenant le terreau.

S'il n'est pas prévu, un trou d'évacuation de l'eau doit être ouvert au fond des pots. Un oubli peut être une cause d'échec.

Légères et poreuses, les billes d'argile sont idéales pour drainer le fond des pots et des jardinières.

✳ L'épaisseur de la couche de drainage varie de 2 à 10 cm selon la profondeur du pot. Elle peut être plus importante encore, voire complétée avec des pots en terre cuite retournés, si l'on souhaite installer des petites plantes dans une jarre très profonde. On économisera ainsi du terreau tout en allégeant la potée.

✳ Le drainage est un facteur de réussite pour les plantes saisonnières qui détestent l'humidité permanente ou qui aiment que la terre sèche en surface entre deux arrosages. Il est indispensable pour les arbustes ou les plantes passant l'hiver en place. On limite ainsi les risques de gel des racines. On peut en revanche s'en passer pour les floraisons saisonnières ponctuelles comme les marguerites d'automne, les minicyclamens en hiver et pour les espèces appréciant l'humidité permanente.

La terre

Comme dans un jardin, les plantes cultivées en pot ont des préférences pour certains types de sol. Choisissez terre et terreau en fonction des cultures envisagées.

✳ **La terre de jardin :** à éviter car elle se tasse rapidement ; mais en petite quantité (pas plus d'1/4 du volume), elle donne du corps au terreau – un mélange apprécié par les rosiers, certains arbustes, les plantes vivaces et les bulbes à fleurs.

✳ **La terre végétale :** c'est l'équivalent de la terre de jardin, vendue en sac pour les citadins. Elle est en général bien équilibrée, ni trop lourde ni trop sableuse, mais on ne peut l'utiliser pure.

✳ **Le terreau universel :** il convient pour plupart des plantes à fleurs. Pour les végétaux permanents, il est préférable de le mélanger avec de la terre végétale. La qualité est variable selon les marques. Un bon terreau doit être élastique au toucher, aéré et pas trop finement broyé.

✳ **Les terreaux spécifiques :** il s'agit de mélanges prêts à l'emploi, destinés à des espèces exigeantes. Le terreau « rosiers » contient de la terre argileuse. Il convient également pour les arbustes et les plantes vivaces. On trouve des terreaux « géraniums », « agrumes », « plantes aquatiques ». Les mélanges pour « bacs à réserve d'eau » et « balcons-terrasses » sont à base de terreau allégé avec des billes d'argile et des écorces broyées.

✳ **La terre de bruyère :** pour toutes les plantes demandant un sol acide comme les azalées, les bégonias tubéreux, les bruyères, les camélias, les hortensias, les piéris, les rhododendrons nains… Vous l'utiliserez de préférence en mélange avec du terreau ou de la tourbe brune pour lui donner plus de corps.

✳ **La tourbe :** très fibreuse, la tourbe brune sert à alléger les terreaux et à améliorer la terre de bruyère. On l'utilise également comme protection isolante contre le froid.

La tourbe blonde est plus fine et très acide. Elle peut être utilisée en mélange avec du terreau pour remplacer la terre de bruyère.

Les améliorants

La plupart des terreaux sont prêts à l'emploi, mais les jardiniers sont un peu comme les cuisiniers, ils aiment ajouter une touche personnelle – quelques grains de sable ou une poignée d'écorces – qui rendra les floraisons plus éblouissantes.

Pour alléger un terreau : écorces de pin broyées, fibres de coco, coques de cacao broyées, billes d'argile (petit calibre), sable grossier, tourbe brune, agromousse, pouzzolane. Ces produits facilitent le développement des racines et limitent les risques de pourriture (bulbes...). Ils évitent les surplus de poids lorsque la charge au sol que peut supporter le balcon est limitée. Il convient toutefois de ne pas les utiliser à plus de 10 à 20 % du volume du terreau.

Pour enrichir ou régénérer un terreau : fumier décomposé et algues compostées apportent la flore bactérienne qui active l'assimilation des engrais. Ces produits sont commercialisés sous différentes appellations : amendement organique, régénérant pour balcons-terrasses, fertilisant naturel... Ne les utilisez jamais pur, mais en mélange avec du terreau, en respectant les doses préconisées.

Le secret des jardinières florissantes tient en grande partie au choix du terreau. La plupart doivent être allégés ou utilisés en mélange avec de la tourbe pour faciliter le développement des racines.

Pour réduire les arrosages : les rétenteurs d'eau sont des petits cristaux capables d'absorber jusqu'à 200 fois leur volume en eau pour les restituer progressivement aux plantes. L'agrosil, constitué de granulés à base de silice, augmente les capacités des plantes à résister à la sécheresse. Les matières fibreuses (tourbe brune, fibres de coco...) améliorent les capacités de rétention en eau du terreau, mais une fois déshydratées, il est difficile de les humidifier à nouveau. Ces produits s'incorporent au terreau avant la plantation.

Quelques mélanges de base

- **Terreau (3/4) et terre végétale (1/4) :** plantes vivaces, arbustes, rosiers.
- **Terreau (1/2), tourbe brune (1/4), terre végétale (1/4) :** bulbes à fleurs, géraniums...
- **Terreau (2/3) et tourbe (1/3) :** fleurs saisonnières.
- **Terre de bruyère (2/3) et tourbe brune (1/3) :** arbustes et plantes de terre de bruyère.

Comment préparer un mélange de terre

Étalez une bâche en plastique sur le sol. Videz sur celle-ci le sac de terreau ou de terre de bruyère utilisé comme produit de base. Creusez le tas au centre, comme la farine lorsque vous préparez une pâte à tarte, et versez-y l'élément complémentaire (terre végétale, tourbe...) puis les ingrédients d'appoint (écorces broyées, fertilisant organique...). Retournez à la pelle jusqu'à l'obtention d'un mélange homogène. Les produits employés pour réduire les arrosages ainsi que les engrais de plantation sont seulement incorporés dans les jardinières avant la plantation, pour mieux contrôler leur dosage.

Calculez la quantité de terre dont vous avez besoin

Sortez votre mètre à ruban pour relever les mesures intérieures de vos bacs. Convertissez les centimètres en décimètres afin d'obtenir des résultats exprimés en litres (la contenance des sacs de terreau est indiquée en litres) et calculez les volumes de vos jardinières. En effet, cela est rarement indiqué par les fabricants.

- Bac carré : multipliez par 3 votre mesure.
- Jardinière : L x l x h. Soit pour L : 70 cm, l : 30 cm, h : 28 cm, volume = 7 x 3 x 2,8 = 58,8 litres.
- Repères : un pot de 20 cm (D et h) contient environ 5 litres de terreau ; 30 cm (D et h) : 15 litres ; 40 cm (D et h) : 51 litres.

Les billes d'argile du drainage et les mottes des plantes occupent un certain volume qu'il est difficile de calculer. Les valeurs données ci-dessus correspondent donc à des estimations. Sachez que le terreau restant est toujours utile : il peut servir à regarnir des jardinières car la terre s'y tasse petit à petit.

Conseils de plantation selon le type de plante

Les bulbes : remplissez de terre la jardinière, jusqu'à 15 ou 10 cm du bord. Étalez un petit lit de sable (1 cm) puis disposez les bulbes les uns à côté des autres, sans qu'ils se touchent. Comblez de terreau jusqu'au bord. Tassez avec le bout des doigts.

Les arbustes, les plantes en conteneur : faites tremper le pot dans l'eau pour bien hydrater la motte. Mettez un peu de terreau au fond du bac. Sortez la plante du conteneur. Servez-vous de ce dernier (vide maintenant) comme d'un moule, placez-le dans la jardinière au bon niveau. Comblez de terreau sur les côtés et tassez. Retirez le conteneur d'origine et placez la motte de l'arbuste à l'emplacement que vous venez de mouler.

Les plants fleuris en godet : remplissez la jardinière de terreau et tassez doucement. Utilisez un plantoir à bulbes, comme un emporte-pièce, pour creuser des trous de plantation ajustés.

Les fraisiers, les plantes aromatiques : utilisez un pot spécial avec encoches latérales permettant de cultiver un maximum de plantes sur un minimum d'espace. C'est une façon astucieuse et élégante d'augmenter les récoltes. Évitez d'abîmer les mottes des plants. S'ils ont de la peine à passer dans les encoches, serrez-les simplement dans la main pour en réduire le volume.

Les plants semés : au tout début du printemps, pois de senteur, ipomée, capucine, tournesol... peuvent être semés à la maison dans des petits pots en tourbe compressée. En mai, les voilà assez costauds pour être installés dans les pots et les jardinières. Les godets en tourbe sont biodégradables et n'ont pas besoin d'être enlevés à la plantation. La reprise est ainsi assurée.

Il existe des pots spécialement conçus pour la plantation des fraisiers ou des aromatiques présentant des ouvertures latérales dans lesquelles on glisse les jeunes plants.

Check-list pour réussir ses plantations

1. Préparer le drainage.
2. Faire son mélange de terre.
3. Remplir plus ou moins de terre la jardinière selon le type de plante.
4. Incorporer engrais et produits de rétention d'eau.
5. Planter.

En pot, les bulbes peuvent être plantés « à la hollandaise », disposés les uns à côté des autres puis recouverts de terre légère.

Certaines plantes ont besoin d'être guidées ou soutenues. Pensez à installer les tuteurs ou armatures (ici en osier) à la plantation.

L'installation d'un minipotager dans une jardinière

1 Réalisez un bac sur mesure en bois brut. Appliquez une couche de goudron pour protéger le bois de l'humidité, constante à l'intérieur de la jardinière.

2 Traitez ensuite les parois extérieures de la jardinière avec une lasure de la couleur de votre choix.

3 Au fond de la jardinière, les lattes de bois sont légèrement espacées. Couvrez d'un feutre de drainage qui retiendra la terre sans gêner l'écoulement de l'eau.

4 Remplissez la jardinière d'un mélange de terreau et de tourbe brune. Placez les tuteurs.

5 Enrichissez le terreau avec de l'engrais « tomates ».

6 Plantez les tomates en veillant à ne pas abîmer les mottes. Enterrez-les profondément.

7 Repiquez quelques salades (espacées de 20 cm) au pied des tomates.

8 Pour ne pas perdre de place, semez des radis dans les espaces libres. Ils seront récoltés avant que les salades n'occupent toute la surface.

9 Après les radis et les salades, ce sera la saison des tomates. Leur production s'échelonne jusqu'au début de l'automne.

L'arrosage

Pour humidifier correctement le terreau, arrosez les jardinières de votre balcon en douceur et très lentement, jusqu'à l'écoulement de l'eau dans la soucoupe de récupération.

Incontournable et parfois considéré comme une corvée, l'arrosage peut être transformé en un moment de détente aussi relaxant pour l'arroseur que bénéfique pour les plantes. Simple question d'organisation.

Quand arroser

Pour être efficace et utile, l'arrosage des plantes en pot doit être fait au bon moment et en quantité suffisante. Logique, mais pas toujours facile à évaluer.

Selon les saisons

L'été, c'est évident, la terre se dessèche très vite au soleil et l'on sait qu'il faut arroser. On a l'habitude de dire qu'il vaut mieux le faire « à la fraîche », le matin de bonne heure ou en soirée. En effet, les plantes risquent moins d'être « brûlées » par des éclaboussures sur les feuillages, et surtout l'eau s'évapore moins vite et reste plus longtemps disponible pour les plantes. Cependant, en cas d'oubli ou de forte chaleur, il vaut encore mieux arroser en pleine journée que laisser une plante assoiffée s'évanouir. Sur un balcon exposé plein sud, durant les périodes de canicule, il est parfois nécessaire d'arroser 2 ou 3 fois par jour, en particulier les pots de petit volume et les suspensions.

L'hiver, on n'y pense plus du tout et pourtant les plantes à feuillage persistant (conifères, azalée, camélia, skimmia...) continuent de transpirer et de boire. Bien entendu, les besoins sont nettement moins pressants qu'en été, mais ils ne doivent pas être négligés. Arrosez ces plantes au pied, de préférence le matin – jamais le soir pour éviter qu'une gelée nocturne « surprise » ne transforme l'eau en glace. À cette époque de l'année, vous remplirez votre arrosoir à la maison et maintiendrez votre robinet d'extérieur hors service, sous une protection isolante (plastique à bulles).

Au printemps et en automne, les arrosages restent à l'appréciation de chacun. Les pluies fréquentes au cours de ces saisons de transition ne doivent pas vous faire oublier que les jardinières abritées reçoivent peu – ou pas du tout – d'eau du ciel. Les bulbes à fleurs printaniers tout comme les floraisons automnales peuvent faner de façon prématurée tout simplement parce qu'ils manquent d'eau. Restez vigilant.

Selon les besoins des plantes

Aux assoiffées notoires comme aux plantes-chameaux, vous donnerez la même quantité d'eau à chaque arrosage. Seule la fréquence des arrosages change en fonction des exigences des espèces.

✳ Si vous désirez cultiver des plantes ayant des besoins en eau très différents, cela ne pose pas de problème. Cultivez-les dans des pots individuels que vous regrouperez si vous le souhaitez. Avant de réunir différentes plantes dans une seule et même jardinière, assurez-vous de leur compatibilité sur le plan de l'arrosage.

✳ Les dimensions des pots et la nature de la terre (voir pages précédentes) jouent sur la fréquence des arrosages. Si vous souhaitez faire des économies, choisissez des contenants de grand volume que vous remplirez d'un mélange de terreau et tourbe, enrichi de granulés rétenteurs d'eau. Inversement, les petits pots individuels demandent des arrosage très fréquents.

✳ Certaines plantes réagissent de façon significative au manque d'eau (bidens, ipomée, verveine, anthémis, surfinia...). Les tiges retombent mollement, les feuilles se replient sur elles-mêmes. Si vous réagissez rapidement, il suffit de baigner le pot dans une cuvette pendant une petite demi-heure ou d'un arrosage lent et prolongé (jardinière) pour que tout rentre dans l'ordre. Ces espèces sensibles et expressives sont très utiles sur un balcon. Elles jouent le rôle de plantes « témoins », indiquant que leurs compagnes, au premier abord plus résistantes (géranium, impatiens, bégonia...), ne tarderont pas elles aussi à tirer la langue ou du moins à freiner leur effort de floraison.

Comment bien arroser

On croit savoir, on pense bien faire et bizarrement les résultats attendus font défaut. Tout simplement

L'installation d'un goutte à goutte

1 Raccordez le tuyau principal (noir) alimentant les goutteurs sur un tuyau d'arrosage ordinaire (bleu) lui-même branché sur un robinet. Un raccord « rapide » est prévu pour cela.

2 Coupez le fin tuyau de dérivation (D : 4,6 mm) en petits morceaux d'environ 30 à 40 cm de longueur.

3 Un emporte-pièce permet d'ouvrir des petits trous dans le tuyau principal afin d'y brancher les dérivations. Placez un goutteur au bout de chacune d'elles.

4 Dirigez le tuyau principal le long des jardinières et des potées. Installez une dérivation au pied de chaque plante. Un petit support en plastique maintient les goutteurs en place.

À savoir : le débit des goutteurs est réglable de 2 à 4 litres par heure. Si vous n'avez pas de robinet sur le balcon, il existe des tuyaux souples avec différents types de raccords pouvant se brancher sur le robinet d'une cuisine ou d'une salle de bains. Évidemment, celui-ci ne peut fonctionner qu'en votre présence, une fenêtre devant restée entrouverte pour le passage du tuyau.

parce qu'arroser n'est pas aussi simple qu'il n'y paraît.

Pour être efficace, l'arrosage doit mouiller l'ensemble du terreau et pénétrer en profondeur jusqu'au fond des contenants. Cela tient autant à la quantité d'eau qu'à la lenteur avec laquelle vous allez la verser. En moyenne, comptez environ une vingtaine de secondes pour humidifier correctement une jardinière de 60 cm de longueur.

Dans les contenants de grandes dimensions, accentuez cet effet de lenteur en arrosant en 2 fois à quelques minutes d'intervalle. Faites de même avec les suspensions et tous les récipients qui laissent l'eau les traverser comme une passoire.

En été, vous pouvez laisser les soucoupes et les plateaux de récupération d'eau sous les pots. La terre s'humidifiera ainsi parfaitement par le dessous, là où se trouvent justement les fines radicelles avides d'humidité. En laissant les soucoupes se vider complètement avant de faire un autre arrosage, vous n'avez pas à craindre les problèmes de pourriture.

Pour agir en profondeur, l'arrosage se fait à l'arrosoir, au goulot, ou au tuyau sans embout, directement au pied des plantes. Les jets douches ont un effet trompeur. On pense bien arroser, mais en fait l'eau ruisselle sur les feuilles et s'écoule par terre. Cependant les bassinages sont utiles, en complément, pour éliminer la poussière et les traces de pollution sur le feuillage, pour rafraîchir la végétation après une chaude journée et pour éloigner certains insectes (acariens et aleurodes).

Les bacs et les jardinières nécessitent des arrosages réguliers. Arrosez au pied des plantes, en deux temps pour laisser l'eau se diffuser dans le terreau.

Pendant les vacances...

L'été, fenêtres et balcons resplendissent de mille couleurs. Et puis vient le temps des vacances. Un abandon de quelques jours à plusieurs semaines et tout s'écroule comme un soufflé raté. À moins de prendre les devants.

Installez un système d'arrosage au goutte à goutte commandé par un programmateur. Condition *sine qua non* : le balcon doit être équipé d'un robinet d'arrivée d'eau. Prévoyez d'effectuer la mise en place environ 3 semaines avant le jour J afin de vérifier que le réglage des goutteurs est bien adapté et que tout fonctionne bien.

Recouvrez toutes les parties de terre nue d'une couche protectrice qui maintiendra la terre humide en limitant l'évaporation de l'eau : paillis de lin, écorces de pin ou de fèves de cacao, laine en granulés... Pour être efficace, la couche doit être suffisamment épaisse (3 à 5 cm environ).

Regroupez les plantes exposées en plein soleil dans le coin le plus ombragé du balcon. Placez les potées auxquelles vous tenez le plus dans de grandes cuvettes ou sur de larges soucoupes que vous remplirez d'eau. Protégez les jardinières que vous n'avez pas pu déplacer sous un voile d'hivernage.

La veille du départ : taillez les tiges et les hampes florales des plantes saisonnières (bidens, géranium, surfinia...). Arrosez toutes vos potées généreusement, doucement et longtemps. Remplissez d'eau des cônes en terre cuite enterrés au pied des plantes. Sur le même principe de diffusion de l'eau par capillarité, on peut aussi bricoler et utiliser des bouteilles en plastique au fond découpé. Environ 3 à 4 semaines plus tard, juste pour fêter votre retour, la seconde vague de floraison de vos jardinières devrait tout juste commencer.

Les engrais

Dans les pots et les jardinières, la fréquence des arrosages entraîne l'élimination des éléments nutritifs. Voilà pourquoi même un terreau riche au départ demande des apports d'engrais réguliers.

Les formules magiques

En vérité, il n'y a aucune solution miracle dans les boîtes d'engrais, simplement des combinaisons d'éléments fertilisants adaptées aux besoins des plantes. Sur un balcon, on utilise beaucoup les engrais « plantes fleuries » ou « spécial géranium » riches en acide phosphorique et potasse. Certaines espèces ont des besoins particuliers en oligo-éléments. C'est la raison d'être des engrais spécifiques « rosiers », « agrumes », « hortensias et arbustes de terre de bruyère », « tomates », « arbustes et conifères », « bulbes »...

Quand faut-il nourrir ses plantes en pot

À la plantation : mélangés au terreau, les engrais en granulés ou en poudre sont répartis de façon homogène et offrent toutes les chances aux végétaux de prendre un bon départ. Les engrais dits « à diffusion lente » ou « longue durée » sont parfaitement adaptés aux cultures en pot. Ils peuvent agir pendant 3 à 6 mois d'affilée en libérant progressivement les éléments fertilisants selon des besoins des plantes. De ce fait ils sont peu sensibles au lessivage par les eaux d'arrosage. Vous les trouverez sous forme de perles enrobées ou de dés agglomérés à placer au fond des trous de plantation. Ils conviennent aussi bien aux fleurs qu'aux arbustes. Les engrais organiques ont eux aussi une action longue durée et progressive. Ils apportent en outre des oligo-éléments et une flore microbienne qui aident les plantes à mieux se défendre contre les maladies.

Les granulés d'engrais à diffusion progressive s'utilisent à la plantation, puis en entretien 1 ou 2 fois par an.

Pendant la croissance des plantes, on utilise plutôt les engrais liquides ou en poudre, solubles dans l'eau de l'arrosoir. Leur action est très rapide – sous forme de coup de fouet – et assez spectaculaire, à condition toutefois de bien respecter les doses et de les employer après un arrosage. Sur terreau sec, ils peuvent « brûler » les racines. Vous les utiliserez presque exclusivement sur les plantes fleuries et sur les légumes du balcon, à partir du mois de mai jusqu'en juillet-août.
Les engrais en bâtonnets pour plantes fleuries, géranium ou arbustes sont faciles à utiliser. Cependant les éléments fertilisants restent très concentrés et leur diffusion dépend de la fréquence des arrosages.

Pour donner un coup de fouet aux floraisons ou stimuler une plante paresseuse, utilisez un engrais soluble dans l'eau d'arrosage. Il agit immédiatement, mais il doit être renouvelé toutes les 2 ou 3 semaines.

Entretenir les plantes en pot

Nettoyage des fleurs fanées, tailles, pincements, tuteurages et traitements représentent l'essentiel des tâches à accomplir sur un balcon.

Des tailles régulières sur les pousses terminales favorisent la ramification des tiges et l'abondance des fleurs.

Les outils, la panoplie de base

Pour entretenir un balcon, il faut un minimum de matériel. N'hésitez pas à choisir des outils de qualité et bien adaptés à chaque tâche, confortables, dotés d'un manche court (20 à 30 cm) et offrant une bonne tenue en main. L'esthétique est aussi un critère à ne pas négliger : elle donne du cœur à l'ouvrage.

- **Transplantoir :** pour installer les plants en godet.
- **Minifourche :** pour arracher les plantes défleuries ou émietter la terre en surface.
- **Pelle :** pour remplir de terre vos pots et jardinières.
- **Plantoir :** pour repiquer les jeunes plants à racines nues.
- **Binette :** pour désherber entre les plantes ou émietter la surface du terreau.
- **Sécateurs :** un modèle classique pour tailler les rameaux durs des arbustes et des rosiers, un plus fin pour couper les fleurs fanées et pincer les jeunes pousses. Dans ce dernier cas, une bonne paire de ciseaux convient aussi.
- **Minicisaille :** pour égaliser les feuillages (buis, santoline, lavande, origan…) et nettoyer rapidement les fleurs fanées.
- **Plantoir à bulbes :** il s'agit d'une sorte d'emporte-pièce utilisée pour creuser les trous de plantation des oignons à fleurs ou des plants en godet. Les modèles à ouverture réglable sont les plus pratiques.
- **Arrosoir :** un récipient d'une contenance d'environ 5 litres est bien adapté pour un balcon ou quelques fenêtres fleuries.
- **Pulvérisateur :** selon la quantité de plantes cultivées, optez pour un vaporisateur à main de 1 litre ou un pulvérisateur de 5 litres à pression entretenue par des batteries (très confortable).

En dehors des traitements, le pulvérisateur sert aussi à projeter de l'eau sur les feuillages de manière à les rafraîchir.

Les bienfaits de la taille

Sur l'espace restreint d'un balcon, il est facile de repérer les plantes qui ont besoin d'une petite coupe rafraîchissante ou d'une taille plus radicale.

- **Le nettoyage des fleurs fanées :** il concerne surtout les fleurs saisonnières estivales, telles que géranium, anthémis, pétunia, verveine…

Tous les 2 ou 3 jours, essentiellement en été, profitez de votre petit tour sur le balcon ou d'une séance d'arrosage pour éliminer les fleurs fanées au fur et à mesure de leur apparition ou pour raccourcir une pousse galopante. Cette régularité a beaucoup d'avantages : vos jardinières sont toujours impeccables, les plantes s'épuisent moins vite et refleurissent plus longtemps et vous n'avez pas un grand nettoyage fastidieux à entreprendre d'un seul coup. Coupez également les fleurs fanées des bulbes à floraison printanière et estivale avant qu'elles ne montent à graines. Sur les arbustes à fleurs et les rosiers, taillez entièrement et le plus rapidement possible les tiges défleuries. La coupe se fait juste audessus d'un bourgeon.

❋ **Les pincements :** il s'agit de tailles légères et fréquentes effectuées sur les jeunes pousses pour les inciter à se ramifier. Le bon moment pour opérer se situe en début de végétation, c'est-à-dire vers mai-juin pour les espèces saisonnières à floraison ou à feuillage estivaux. On obtient ainsi des plantes plus denses et plus florifères. Le travail se fait avec un petit sécateur, des ciseaux ou simplement en pinçant les tiges entre les ongles du pouce et de l'index. Cette opération est bénéfique pour toutes les plantes ayant tendance à s'allonger, à s'étioler ou à former une végétation désordonnée : anthémis, géranium, héliotrope, impatiens, origan, lantana, plectranthus, verveine...

Petit calendrier des tailles

❋ **Les arbustes à feuillage persistant** (buis, laurier-tin, éléagnus, fusain...) : 1 ou 2 fois par an, en avril-mai et éventuellement en septembre. Les arbustes garderont ainsi une silhouette compacte et ne prendront pas trop d'ampleur.

❋ **Les rosiers :** fin février-début mars.

❋ **Les arbustes à floraison printanière** (forsythia, prunus, groseillier, lilas...) : dès qu'ils sont défleuris, en avril-mai.

❋ **Les arbustes à floraison estivale** (fuchsia, hibiscus, caryoptéris, laurier-rose ...) : en automne.

❋ **Les tomates :** de juin à fin août.

❋ **Les plantes grimpantes :** en février (glycine), fin février (rosier), en avril-mai (jasmin d'hiver), en mai ou en septembre (lierre).

Le tuteurage

Sur un balcon, le tuteurage est souvent nécessaire pour diriger les plantes dans une direction souhaitée mais aussi pour soutenir les espèces grimpantes et volubiles. Il existe différentes solutions.

❋ **Le bambou :** la hauteur des tiges varie de 50 cm à plus de 2 m. Un simple tuteur en bambou planté au centre du pot permet de soutenir les tiges souples ou risquant de casser au vent (dahlia, *Solanum rantonnetii*, lis...). Il est plus discret et plus esthétique d'attacher les tiges une par une au tuteur avec un brin de raphia, plutôt que de les réunir dans un même lien.
Autre solution : 3 tuteurs en bambou disposés en triangle dans le pot, réunis au sommet avec une pastille à encoches (fixe-tuteur) ou liés avec du raphia. Pour un effet plus décoratif, les tuteurs peuvent être peints. Pour votre sécurité, pensez à coiffer la pointe des tuteurs avec une protection (balle de tennis, chapeau en céramique, petite noix de coco...).

❋ **Les supports en osier :** une simple armature réalisée avec des tiges souples en osier, entrecroisées et piquées dans la terre, suffit pour maintenir les plantes manquant de tenue comme certains héliotropes, les verveines, les œillets, les narcisses... On trouve également des supports en osier très décoratifs, de forme conique ou cylindrique, de 1 à plus de 2 m de hauteur.

❋ **Les treillages et grillages :** en bois, en plastique ou en métal, les treillages doivent être fixés sur un mur ou contre la rambarde du balcon. Vous pouvez y diriger les plantes grimpantes de votre choix (rosier, clématite, jasmin d'hiver...). Le grillage rigide forme une armature plus légère pour faire grimper les espèces annuelles comme les pois de senteur, les volubilis ou les haricots d'Espagne. Pensez également à utiliser ce type de support autour des fenêtres.

Il faut peu d'outils pour jardiner sur un balcon. Raison de plus pour les choisir confortables, solides et esthétiques.

La santé de vos plantes de balcon

Insectes, maladies et parasites peuvent causer des dégâts considérables en très peu de temps. Palpez vos plantes, observez-les et sachez interpréter leurs signaux d'alerte.

Les mouches blanches se cachent au revers des feuilles. Ces insectes envahissants et dangereux pour les plantes fréquentent surtout les balcons très ensoleillés, en été. Pour les éliminer, les cartons jaunes englués sont efficaces s'ils sont placés au tout début d'une attaque.

Les balcons à risques

Certaines conditions favorisent le développement des parasites ou des maladies.

✵ **L'exposition :** un balcon exposé plein sud, sans ombrage, crée ce que l'on appelle des situations « brûlantes ». L'air sec et la chaleur favorisent le développement des acariens (araignées rouges) et des aleurodes (mouches blanches). Installez des treillages et des plantes grimpantes sur les murs pour éviter la réverbération du soleil. Prévoyez des zones d'ombrage et douchez régulièrement vos jardinières et potées.

✵ **La météo :** un temps humide en été accélère le développement de la maladie du blanc (oïdium). Traitez préventivement les plantes comme les bégonias, fusains, rosiers...

✵ **La sensibilité des plantes :** les capucines ne sont pratiquement jamais épargnées par les pucerons. Les limaces sont attirées par les jeunes plants (fleurs et légumes) et par beaucoup de plantes vivaces (hosta...). Les criocères manquent rarement de visiter les potées de lis. Les courgettes en pot sont facilement attaquées par l'oïdium. Les cochenilles attaquent régulièrement les fusains, les houx ou les citronniers. Surveillez de près ces ennemis connus et traitez soit préventivement (maladies) soit dès les premiers symptômes (insectes).

✵ **Les mauvaises conditions de culture :** un terreau trop tassé et mal aéré, un défaut de drainage, des excès d'arrosage ou au contraire des oublis fréquents, un surdosage d'engrais... toutes ces négligences fragilisent les plantes et les rendent plus vulnérables et sensibles aux parasites.

Dans les jardinières, les légumes, les plantes vivaces et jeunes plants sont appréciés des limaces. Efficaces et écologiques, les pièges à bière doivent être enterrés au pied des sujets à risques.

Quelques symptômes

Avec un peu d'habitude, vous reconnaîtrez très rapidement les principaux ennemis de vos plantes.

✵ **Feuilles collantes et déformées :** plusieurs insectes peuvent être incriminés, tels les pucerons, les araignées rouges, les cochenilles et les aleurodes. Regardez sous les feuilles pour repérer les intrus.

✵ **Feuilles découpées, ciselées ou trouées :** les chenilles (larves de papillons) sont à soupçonner – on les repère facilement. Mais les limaces peuvent aussi être responsables de ces méfaits. Certaines d'entre elles sont minuscules et bien cachées dans les feuillages.

✵ **Feuilles décolorées, devenant plombées ou argentées :** cherchez du côté des acariens (minuscules araignées rouges visible à l'œil nu) ou des thrips (insectes de 1 mm de longueur se cachant au revers des feuilles).

✵ **Taches noires, feutrage blanc, traces de suie... sur les feuilles :** peuvent indiquer la présence de champignons, le développement de maladies cryptogamiques.

✵ **Fourmis :** elles indiquent souvent la présence de pucerons.

Comment lutter

Avant de vous précipiter sur des insecticides du type « exterminator », assurez-vous que votre plante n'a pas tout simplement subi un coup de chaleur ou manqué d'eau. Essayez d'agir préventivement, avec les

produits les moins nocifs possibles.
❋ **Les antilimaces :** les pièges à bière fonctionnent bien. Les limaces sont attirées par le breuvage et s'y noient. Enterrez-les dans le terreau au pied des plantes sensibles. La cendre de bois épandue à la surface du terreau est une autre solution : les limaces s'y enlisent et ne peuvent atteindre leur butin. Évitez les granulés qui empoisonnent aussi les oiseaux.
❋ **Les pièges à aleurodes :** des morceaux de papier englués, de couleur jaune, attirent les mouches blanches ou aleurodes et les immobilisent à jamais. Ils agissent avec efficacité s'ils sont installés préventivement ou au tout début d'une attaque. Mais si la reproduction des aleurodes est déjà en expansion, il est trop tard ! Dans ce cas, même les insecticides puissants ont peu d'effets.
❋ **Les insecticides :** les produits à base de roténone sont les moins toxiques pour lutter contre les pucerons, les criocères, les thrips et les chenilles. Comme ils sont photodégradables (la lumière les rend inefficaces), pulvérisez-les le soir, lorsque les abeilles sont parties se coucher.
❋ **Les anticochenilles :** il s'agit de produits assez puissants dégageant une odeur désagréable, mais il n'y a pas d'autre solution efficace pour se débarrasser de ces insectes – (cochenilles farineuses). Prévoyez 2 traitements consécutifs à 1/2 heure d'intervalle, puis un troisième 3 semaines plus tard.
❋ **Les antiacariens :** pour lutter plus précisément contre les araignées rouges. En prévention, pensez à humidifier le plus souvent possible le feuillage des plantes à risque.
❋ **La bouillie bordelaise :** utilisée par les adeptes de la culture biologique, elle agit sur plusieurs maladies (mildiou des tomates, taches noires des rosiers, rouille des géraniums...). Seul l'oïdium lui résiste. La bouillie bordelaise doit être pulvérisée en prévention sur les plantes sensibles.`
❋ **Les antioïdium :** les produits spécifiques contre la maladie du blanc (feutrage blanchâtre sur les feuilles) sont commercialisés sous le nom de « antioïdium » ou « maladie des rosiers ». Les spécialités à base de soufre conviennent aussi à condition de bien respecter les conditions d'emploi (température ambiante entre 15 °C minimum et 28 °C maximum).

Les colonies de pucerons s'installent sur les jeunes pousses et au revers des feuilles.

La cochenille farineuse s'attaque davantage aux arbustes qu'aux plantes fleuries.

Préparation du traitement à la bouillie bordelaise : le dosage varie en fonction des plantes.

Un petit pulvérisateur à batterie est idéal pour soigner les plantes d'un balcon.

Protéger le balcon en hiver

Les racines des plantes sont plus vulnérables au gel en pot qu'en pleine terre. Protégez-les sous une épaisse couverture de plastique à bulles.

Le froid, le gel, la neige ont tendance à décourager les possesseurs de balcon. Quelques précautions suffisent pour protéger les espèces frileuses et profiter des plantes hivernales.

Quand intervenir

Dès les premières fraîcheurs automnales, en octobre-novembre. Il est inutile de tout emmitoufler à ce moment-là, mais ayez à votre disposition les protections hivernales nécessaires en cas de gel annoncé. Durant l'hiver, pendant les périodes de douceur, n'hésitez à découvrir certaines plantations (géranium, fuchsia, datura, laurier-rose...) pour leur « faire prendre l'air » et limiter les risques de pourriture. La vigilance s'impose jusqu'au milieu du printemps, en particulier si le balcon est exposé au vent.

Le microclimat du balcon

Dans une même région, les températures minimales sont souvent très variables entre un jardin en plaine et un balcon abrité en ville. Voilà pourquoi il n'est pas rare de voir des géraniums ou des mimosas en fleurs en plein hiver sur les balcons parisiens. Inversement, le froid peut être accentué en fonction de l'exposition (façades nord ou est), des courants d'air et de la direction du vent. Dans ces cas, il faut être particulièrement vigilant, les plantes en pot étant plus sensibles au gel que celles plantées dans un jardin. En effet, un faible volume de terre enrobe les racines. Celles-ci sont donc plus rapidement affectées par le froid.

Les plantes frileuses

En fonction du microclimat du balcon, les mêmes espèces exigeront des protections plus ou moins renforcées. D'autres facteurs peuvent sensibiliser les plantes au froid. Évitez, par exemple, de donner de l'engrais après le mois d'août, celui-ci favorisant la croissance de jeunes pousses fragiles. Prévoyez un bon drainage au fond des pots et mettez les contenants à l'abri des pluies. Une plante est capable de passer un hiver sans problème si le sol est sec, mais risque de périr si le terreau est gorgé d'eau.

- **Les plantes vivaces gélives :** anthémis, géranium, fuchsia, impatiens, verveine... peuvent résister jusqu'à environ 0 °C. Avant l'hiver, taillez la végétation assez court et glissez de la paille entre les tiges. Couvrez sous une ou plusieurs couches de voile d'hivernage pendant les périodes de gel.
- **Les plantes du Midi :** laurier-rose, datura, plumbago du Cap, lantana, mimosa... sont frileux. L'idéal est de les abriter dans une véranda hors gel, mais fraîche et lumineuse. Sinon, procédez comme pour les plantes vivaces gélives, mais cela n'offre pas de garantie si les froids deviennent sévères.
- **Les arbustes :** à partir de – 5 °C, protégez le feuillage des arbustes de terre de bruyère les plus sensibles (azalée, camélia, skimmia...) sous un voile isolant. Agissez de même avec certains persis-

L'arrosage en hiver

Pendant les frimas, beaucoup de plantes entrent dans un sommeil végétatif et vivent au ralenti. Les excès d'humidité pendant cette période sont de ce fait particulièrement préjudiciables. Cependant il y a des exceptions, il arrive que des conifères et des arbustes à feuillage persistant meurent de sécheresse en plein hiver ! Prévoyez de les arroser en moyenne 1 fois par mois durant cette période.

tants comme le laurier-sauce, le laurier-tin, le céanothe... En revanche les arbustes à fleurs (forsythia, groseillier, lilas, hibiscus...), le buis et les conifères ne craignent rien. Sur ces derniers, pensez simplement à secouer la neige poudreuse dont le poids risque de casser des rameaux.

✳ **Les plantes vivaces rustiques :** lavande, graminées, santoline, hosta... supportent assez bien le froid, à condition toutefois d'éviter les excès d'humidité.

✳ **Les rosiers :** couvrez le pied à l'endroit où se trouve le point de greffe sous une épaisse couche de tourbe brune ou de paille. Les rosiers tiges sont les plus exposés au froid. Glissez de la paille entre les rameaux et enveloppez la ramure sous un voile d'hivernage ou un plastique ajouré spécial « rosiers ».

✳ **Les plantes bulbeuses :** les potées garnies d'oignons à floraison printanière sont peu frileuses. Contentez-vous de couvrir de tourbe les bulbes précoces démarrant au cœur de l'hiver. Veillez à abriter les potées des pluies abondantes ou de la neige sous un film en plastique ou des canisses (protection provisoire).

Les bulbes d'été (eucomis, lis, acidanthera...) sont plus fragiles. Rabattez la végétation au ras du pot en automne, couvrez sous une épaisse couche de paille et enrobez le tout dans un plastique à bulles. Les souches gélives comme celles du dahlia ou du cosmos chocolat doivent être arrachées et conservées sur un lit de tourbe, dans une cave.

Recouvrez les pots garnis de bulbes printaniers d'une couche de tourbe.

La protection des pots

En hiver, la culture en pot risque de fragiliser les plantes du balcon. Quelques gestes simples peuvent éviter des affections dues au froid et à l'humidité.

✳ Enlevez les soucoupes et les plateaux de récupération d'eau et glissez-les à l'envers sous les pots ou les jardinières. Vous éviterez que la base des pots ne baigne dans l'eau glacée.

✳ Isolez les bacs posés à même le sol sur des petites cales en terre cuite ou en bois.

✳ Dans les régions à hiver rigoureux, doublez les parois intérieures des bacs avec des plaques de polystyrène d'environ 1 cm d'épaisseur, avant de faire les plantations naturellement.

✳ Videz entièrement et nettoyez à la brosse les jardinières ayant accueilli les floraisons estivales. Jetez le terreau qui est maintenant usé et envahi de racines. Remplissez les jardinières libérées avec de la tourbe dans laquelle vous camouflerez vos petits pots (herbes aromatiques, bulbes printaniers, floraisons hivernales).

✳ Vidangez les réserves d'eau des bacs en plastique. En cas de gel, vous risquez en effet de les voir se fissurer. Videz également les jardinières et les pots en terre cuite dégarnis et entreposez-les au sec. Rentrez les cache-pot et les poteries vernissées risquant de craqueler sous les effets du gel.

✳ Faites une provision de plastique à bulles (en vente en jardineries, grandes surfaces de bricolage). Découpez celui-ci aux dimensions en hauteur des pots et enroulez-le autour de ces derniers, sur une ou plusieurs épaisseurs. Maintenez cette protection avec un lien en raphia synthétique ou une ficelle.

Les voiles d'hivernage laissent respirer les feuillages tout en les isolant du froid. On peut les employer sur plusieurs épaisseurs.

Treillages, canisses, brise-vent, caillebotis... de nombreux accessoires de confort sont prévus pour transformer un balcon ordinaire en un refuge verdoyant et protecteur. Il suffira d'ajouter une petite touche personnelle côté déco pour vous sentir vraiment chez vous.

L'habillage du sol

Il vous faut une surface lisse, parfaitement plane et décorative. D'autre part, les matériaux doivent être légers, peu épais, faciles à mettre en œuvre et peu salissants. À cela s'ajoutent des critères de prix, en particulier pour les locataires.

La peinture : d'application rapide, économique, facile à entretenir, elle s'utilise directement sur le béton après éventuellement avoir ragréé le sol. Cette étape consiste à étaler un ciment assez liquide pour boucher les fissures et lisser la surface. Les peintures spéciales pour sol bétonné sont proposées en différentes tonalités.

La terre cuite et le grès émaillé : les carreaux rectangulaires ou carrés, de faible épaisseur, se posent comme du carrelage sur un ciment-colle. Assurez-vous de la résistance au gel. On obtient une surface confortable, aux coloris chaleureux, très facile à nettoyer.

Le caillebotis : en pin traité à cœur ou en bois exotique imputrescible (teck, iroko...), les dalles carrées en bois ajouré se posent simplement sur le béton du balcon. Si le sol n'est pas parfaitement lisse, étalez au préalable un feutre isolant imputrescible pour caler les dalles bancales. Plusieurs dimensions sont proposées de 30, 40 ou 50 cm de côté en moyenne. Des découpes peuvent être effectuées pour obtenir un ajustement aux dimensions exactes du balcon. Ce revêtement n'est pas celui qui est le meilleur marché, mais il est très séduisant pour son confort, son aspect naturel et chaleureux.

Les dalles en caillebotis permettent d'habiller avec élégance le sol du balcon. Les modèles en cercle ou en carré sont vendus prêts à poser.

Les protections contre le soleil et le vent

Sur un balcon, l'ensoleillement est souvent amplifié par la réverbération sur les murs. Lorsque le vent vient en plus s'en mêler, la situation devient quasiment invivable pour les personnes comme pour les plantes. Heureusement, les protections ont souvent un effet simultané contre le soleil et le vent.

Les écrans naturels : bambou, osier vernissé, bruyère ou bouleau séché, tous ces écrans réalisés avec des produits naturels s'intègrent avec bonheur dans le décor végétal d'un balcon. Ils sont traités pour être imputrescibles et proposés dans des dimensions adaptées à un balcon ou une terrasse, soit entre 1 et 1,20 m de hauteur.

Les canisses en plastique : on peut trouver des fabrications de bonne qualité, imitant assez bien les canisses en roseau ou en bambou. Mais bien souvent, les protections en plastique dites brise-vue, brise-vent ou d'ombrage sont d'un vilain vert et pas toujours très solides. Un traitement anti-U.V. est indispensable pour ces produits.

Où les installer : sur la rambarde du balcon, côté intérieur, ces dispositifs protègent les jardinières posées au sol. Veillez à bien tendre votre écran et à le maintenir très soigneusement pour limiter au maxi-

Les treillages ajourés freinent les effets du vent tout en servant de support aux plantes grimpantes. Les canisses jouent à la fois le rôle d'ombrage et de brise-vent.

mum la prise au vent. Un store en canisses peut être fixé au niveau de la rambarde, mais aussi au plafond du balcon, éventuellement sur une traverse en bois, pour apporter de l'ombrage sur toute la hauteur. Si les dimensions le permettent ou si une partie du balcon est à ciel ouvert, envisagez également l'installation d'une pergola (en bois ou en métal) qui vous permettra de dérouler des canisses au-dessus de votre tête pendant les périodes estivales.

Une déco chaleureuse

Quelques outils symbolisant le retour au jardin, un bel arrosoir ou une collection de vieux plantoirs, une boule en terre cuite, un cache-pot original... il suffit de quelques accessoires pour personnaliser l'atmosphère de votre balcon. N'oubliez pas les étagères métalliques murales. Elles vous feront gagner de la place tout en mettant en valeur vos collections de plantes en pot. Et pour suivre la météo de plus près, thermomètre, baromètre, petite girouette... sont utiles et souvent décoratifs.

Les treillages

Ces installations ajourées cumulent les bonnes actions : brise-vent, brise-vue, division de l'espace, séparation élégante, support pour plantes grimpantes ou effet de perspective. Tout dépend de leurs dispositions sur le balcon.

✳ **En écran :** choisissez un modèle à mailles étroites (5 à 8 cm), en bois de préférence, en panneaux montés sur un cadre solide, de faible largeur (50 cm) pour limiter la prise au vent. Le treillage jouant un rôle d'écran est en général placé sur une partie donnant sur la rue ou en séparation avec le balcon voisin. Futées, les jardinières en bois ou en plastique avec treillage intégré sont encore plus simples à installer.

✳ **Pour faire grimper des plantes :** le treillage faisant fonction d'écran peut être utilisé comme support pour des espèces volubiles comme la clématite, le chèvrefeuille, l'ipomée... L'efficacité contre le vent ou la préservation de votre intimité n'en seront que meilleures. Si le treillage sert uniquement pour les plantes et s'il est fixé contre un mur, vous pouvez choisir un treillage à mailles plus larges (10 cm en moyenne), moins onéreux qu'un modèle à mailles serrées. Dans l'intérêt des plantes, évitez de plaquer le treillage directement contre le mur. En l'espaçant de 5 cm environ, l'air circulera mieux sous le feuillage et les tiges pourront s'enrouler plus facilement.

✳ **Pour habiller un mur :** il existe des treillages muraux qui forment un trompe-l'œil et créent un effet de perspective. Le balcon minuscule paraît d'un seul coup plus grand, et surtout le triste mur devient plus souriant. Des plantes grimpantes peuvent venir en accompagnement, mais elles doivent être peu envahissantes et faciles à maîtriser (vigne, clématite, jasmin...) de façon à laisser la primeur au treillage.

✳ **Faire son choix :** la qualité d'un treillage est facile à estimer. Il suffit de vérifier l'épaisseur des lattes, les dimensions des mailles, le cadre de soutien (facultatif) et les matériaux (pin traité ou peint, bois exotique, bambou, plastique). Les panneaux peuvent être fixes ou extensibles, à mailles carrées ou en losange.

Le mobilier de balcon

Il doit être adapté au manque de place et capable de résister aux intempéries tout en offrant un certain charme. Soyez pratique : table et chaises pliantes facilitent les rangements hors saison. Le plastique (ou plutôt la résine) reste le matériau le plus léger, le moins cher et prend maintenant des couleurs agréables. Le métal fait preuve de créativité et séduit par son côté rétro ou contemporain, selon les styles. Le bois est résistant aux intempéries si vous optez pour du teck, de l'iroko ou du pin traité. Mais attention au rotin, charmeur certes, mais à couvrir sous une bâche ou à rentrer les jours de pluie.

Index

Carnet d'adresses

Plantes et graines

André Eve,
B.P. 206, 45302 Pithiviers-le-Vieil.
Tél. : 02 38 30 01 30. (Rosiers.)

Jacques Briant,
49486 Saint-Sylvain-d'Anjou.
Tél. : 02 41 37 66 11.
(Vivaces, arbustes, potées fleuries...)

Jardin Express, François Gérard,
B.P. 131,
80203 Bouvincourt-en-Vermandois.
Tél. : 03 22 85 77 44.
(Jeunes plants, annuelles, bisannuelles, aromatiques, tomates...)

Jardinerie de Gally,
R.N. 20, 91160 Saulx-les-Chartreux.
Tél. : 01 69 34 34 44.
(Plantes, poteries, outils et décoration.)

Globe Planter,
informations consommateurs,
tél. : 02 38 89 89 00.
(Nouvelles variétés pour potées.)

Graines Baumaux,
B.P. 100, 54062 Nancy.
Tél. : 03 83 15 86 86.
(Graines, bulbes d'été et de printemps, dahlias.)

Royalfleurs-Bertrand frères,
104, rue des Ponts-de-Cé,
49000 Angers.
Tél. : 02 41 79 46 46.
(Graines de fleurs champêtres et annuelles originales.)

Schryve Jardin,
1315, route du Steent'Je,
59270 Bailleul.
Tél. : 03 28 49 27 40.
(bulbes, vivaces, dahlias, rosiers...)

Truffaut,
RN 20, 91620 La Ville-du-Bois.
Tél. : 01 69 63 32 32.
(Poteries, décoration, mobilier, plantes, outils...)

Paysagistes et jardiniers

Horticulture & Jardins,
Pierre-Alexandre Risser,
5, sente des Fréculs,
95390 Saint-Prix.
Tél. : 01 34 27 90 19.
(Paysagiste et vente de plantes pour balcon et terrasse.)

Un Jardinier à Paris,
Pierre Nessmann,
119 bis, rue de Colombes,
92600 Asnières.
Tél. : 01 47 33 51 22.
(Paysagiste conseil.)

La Haie Fleurie,
Tony Seca.
Tél. : 01 60 79 04 21.
(Artisan jardinier.)

Pots et jardinières

Flair Résine,
Z.I. de la Trésorerie,
62126 Wimille.
Tél. : 03 21 99 26 26.
(Jardinières et treillages en plastique.)

Garden Max,
27, avenue Foch,
59700 Marcq-en-Baroeul.
Tél. : 03 20 98 07 44.
(Treillage métallique mural pour accrocher des pots.)

Générale de Poterie d'Alsace,
Annick Levy,
B.P. 06, 67430 Diemeringen.
Tél. : 03 88 00 40 10.
(Jardinières et pots en terre cuite.)

La Porosa, M. Johan,
Z.I. Sud,
16, avenue Ferdinand-de-Lesseps,
91420 Morangis.
Tél. : 01 69 06 46.
(Jardinières et pots en pierre reconstituée.)

Linpac Ami, Sandra Mega,
50, avenue Carnot,
21120 Is-sur-Tille.
Tél. : 03 80 95 69 00.
(Bacs et jardinières en plastique avec réserve d'eau.)

Sofradecor
(Jardifer et Sofradecor),
Z.I. Nevers Nord,
58640 Varennes-Vauzelles.
Tél. : 03 86 38 23 00.
(Supports et fixations pour pots et jardinières.)

Terrasses Création,
Jean-Pierre Locquet,
14, avenue de la Croix-Blanche,
91700 Sainte-Geneviève-des-Bois.
Tél. : 01 60 15 56 56.
(Bacs en teck, poteries, mobilier...)

V W Jardin,
Jean et Thierry Veuillote,
5, rue Franklin,
93315 Le Pré-Saint-Gervais Cedex.
Tél. : 01 48 45 04 29.
(Cache-pot métalliques de couleur.)

CRÉDITS PHOTOGRAPHIQUES

Toutes les photos sont de l'auteur
(création des décors : p. 14, 'Jardin de Cottage' ; p. 19, Pierre Nessmann ; p. 23, Pierre-Alexandre Risser ; p. 28, Éric Renault ; p. 125, Annie Lasnier ; p.138 en bas, Festival des jardins de Chaumont-sur-Loire ; p.151, Outils Le Prince Jardinier), sauf pp. 8-9, 38-39, 118-119 et couverture : F. Strauss/M.A.P.

L'AUTEUR REMERCIE

pour leur participation à la réalisation des photos : Anouk et Maxime Mioulane, Christian Pansardi, Sophie Schreiner, Tony Seca, Virginie Seguin, Gilles Turmolle ;
pour leur patience et leur confiance : Fabienne Chesnais, Élisabeth Pegeon et toute l'équipe des Éditions Rustica.